Les petites histoires de la grande Histoire

Daniel Lacotte

Les petites histoires de la grande Histoire

ÉDITIONS FRANCE LOISIRS

Édition du Club France Loisirs,
avec l'autorisation des Éditions Albin Michel.

Éditions France Loisirs,
123, boulevard de Grenelle, Paris.
www.franceloisirs.com

ISBN : 978-2-298-03388-5

Pour Dominique,
Guillaume et Mathilde.

Verve sincère et naturelle

Le récit anecdotique appartient à l'Histoire. Au même titre que les grandes dates, découvertes, batailles, révolutions, conquêtes, chambardements sociaux et politiques, le « petit fait » vient nourrir le patrimoine culturel de notre civilisation. Acteurs privilégiés de ces cocasses instants de vérité, souverains, présidents, savants et artistes nous offrent subitement un authentique moment de sincérité. Ainsi le caractère original ou pittoresque de la saillie permet-il de saisir la subtilité d'une personnalité ou la réalité profonde d'une situation. Qu'elle soit discrète ou tumultueuse, l'anecdote contribue donc à éclairer les événements de la grande Histoire. Quant aux formules ingénieuses, vives, satiriques, délicates ou sentencieuses, elles viennent éclairer le propos d'une note tendre ou dérisoire. Dans un autre registre, férocités, répliques cinglantes, diatribes et railleries enflamment l'ardeur d'un échange. Ce livre propose donc un joyeux voyage aux côtés de personnages exceptionnels qui nous offrent d'étincelants éclats de leur éloquence. Nous sommes ici au cœur du talent oratoire. Et il y a là, soutenus par le récit anecdotique, des traits ou mots d'esprit, des bons mots et autres jeux de mots. Chez certains, la verve s'exprime avec naturel et sincérité.

Ce qui, parfois, n'exclut pas une certaine emphase, voire une dédaigneuse arrogance. D'autres se révèlent de redoutables calculateurs et ils s'amusent de formules finement ciselées ou d'habiles remarques sournoises. Enfin, on ne peut pas oublier les aimables gaffeurs, toujours prompts à commettre la bourde irréparable au plus mauvais moment.

Dans chacune des scènes qui suivent explose la puissance instantanée du « bon » mot. Certes, l'exercice convient parfaitement aux esthètes du langage ou aux tribuns patentés qui se gaussent sous cape de leurs propres exploits. Mais le timide dépourvu d'un sens aigu de l'improvisation et de toute agilité théâtrale y trouve aussi sa place.

A

Marcel Achard

(1899-1974)
Dramaturge français

Succès

Marcel Achard possédait un sens évident de la dérision qu'il appliquait à lui-même. Sa première pièce, *La messe est dite* (1923), fait un bide total, mais la même année, il connaît le succès avec *Voulez-vous jouer avec moâ ?*.

Dramaturge prolifique, Marcel produira de véritables triomphes populaires : *Jean de la Lune* (1929), *Domino* (1932, avec Louis Jouvet), *Patate* (1954, avec Pierre Dux) et *L'Idiote* (1960, avec Annie Girardot). Mais il connaîtra aussi de nombreux échecs, sans conséquence sur sa carrière et dont il savait s'amuser. Il se disait d'ailleurs très agacé par tous ses obséquieux admirateurs qui affirmaient : « Maître, je ne rate jamais l'une de vos pièces. » Aussi avait-il mis au point cette implacable réplique : « Moi, si ! »

Mais le dramaturge n'épargnait pas non plus les directeurs de théâtres : « Ils se croient intelligents quand une pièce a du succès. En revanche, si c'est un four, ils disent que le public est idiot. »

Vert

Le jeune Marcel quitte Lyon (où il vient de rater l'entrée au conservatoire de la ville) pour la capitale à l'âge de dix-huit ans. D'abord représentant en papier carbone pour machine à écrire, il trouve un emploi de souffleur au théâtre du Vieux-Colombier. C'est là qu'il fait son trou ! Mais distrait par le jeu de jambes des accortes comédiennes, Marcel en oublie souvent de murmurer la bonne réplique et il finit par prendre la porte. Pistonné par un ami lyonnais, il devient journaliste à *L'Œuvre*.

Parallèlement, Marcel Achard se lance dans l'écriture de pièces et devient le maître incontesté du théâtre dit « de boulevard ». Il entre à l'Académie française (reçu par Marcel Pagnol) le 3 décembre 1959.

Marcel Achard a été élu sous la coupole le 28 mai de la même année après n'avoir posé sa candidature qu'une semaine avant le scrutin. Mais son malicieux regard de myope, son enthousiasme spontané, ses grosses lunettes rondes pour le moins cocasses et, bien évidemment, un entregent naturel ont séduit les immortels. Et Marcel endossa donc l'habit vert en l'emportant face au philosophe Jean Guitton

(1901-1999) et au poète-romancier Henri Bosco (1888-1976) qui, eux, postulaient depuis déjà deux longues années.

Vocabulaire

Marcel Achard ne dédaignait pas les mondanités et autres dîners en ville, moments qui génèrent cependant leur lot d'affligeantes sollicitudes. Ainsi, à l'issue de l'une de ces soirées épuisantes, une fringante quinquagénaire maniérée demande avec insistance à Marcel Achard de lui écrire quelques pages destinées à un petit spectacle de charité. Le dramaturge tente l'esquive en arguant qu'elle peut très facilement trouver son bonheur en choisissant à sa guise un acte quelconque dans l'une de ses pièces. Mais la rombière emperlée poursuit son idée : « Non, maître. Je voudrais une scène que personne n'a jamais ni vue ni lue. » En fait, elle exigeait purement et simplement un inédit de Marcel Achard. Et, pour lever toute ambiguïté, l'auteur conclut : « En somme, vous voulez donc un texte original. » Et la mégère, subitement apprivoisée par son avancée, de répondre : « Oh ! vous savez, pas trop original tout de même ! »

"

Marcel Achard a aussi dit :
La chance existe. Sans cela, comment expliquerait-on le succès des autres ?

Le public des générales : si la pièce est mauvaise, il s'emmerde ; si elle est bonne, ça l'emmerde.

Il vaut mieux se tromper avec tout le monde plutôt qu'être intelligent tout seul.

Tout est drôle dès l'instant que ça arrive aux autres.

J'ai des tas d'idées brillantes et nouvelles. Seulement voilà : les brillantes ne sont pas nouvelles, et les nouvelles ne sont pas brillantes.

Konrad Adenauer
(1876-1967)
Premier chancelier de la République fédérale d'Allemagne (1949-1963)

Cassant
Autoritaire, grincheux, capricieux et taciturne, Konrad Adenauer est réélu chancelier de la

République fédérale d'Allemagne pendant quatorze années de suite. La stature d'Adenauer conduira son pays sur la voie de la réintégration dans l'Europe occidentale et il sera l'un des principaux artisans de la réconciliation franco-allemande.

En 1961, Konrad célèbre ses quatre-vingt-cinq printemps lorsqu'il est réélu au poste de chancelier. Mais il démissionne deux ans plus tard, gentiment poussé vers la sortie par les amis de son propre camp. Cette mise à la retraite forcée n'arrange en rien le caractère irascible du personnage. Adenauer écrit ses *Mémoires* et soigne quelques troubles inhérents au poids des années. Mais cette semi-activité ne l'incite guère à la convivialité et les relations avec son médecin deviennent délicates. Exaspéré par les remarques acerbes d'Adenauer qui lui reproche de ne pas soulager ses douleurs, le praticien s'emporte :

« Vous avez quatre-vingt-dix ans, je ne suis pas magicien ! Je ne peux pas vous redonner votre jeunesse !

– Je ne vous ai jamais demandé une chose pareille. Tout ce que je souhaite, c'est de continuer de vieillir. »

Propositions

Le très populaire Konrad Adenauer recevait un courrier particulièrement volumineux qui mobilisait l'activité d'une secrétaire à temps plein. Et parmi les nombreux témoignages de sympathie qui parvenaient jusqu'à son bureau, figuraient d'explicites demandes en mariage. Lorsque son assistante lui apportait de telles missives passionnées en demandant au chancelier quel sort il convenait de leur réserver, impassible, Konrad répondait avec un invariable petit sourire au coin des lèvres : « Posez-les donc sur le tas des pactes de non-agression. »

Alphonse Allais
(1854-1905)
Écrivain français

Vanité
Maître incontesté du calembour et du canular, Alphonse Allais publie des textes humoristiques dès 1892. Puis il écrit de nombreux monologues pour la scène et des comédies, notamment en collaboration avec Tristan Bernard, à partir de 1898.
Dans son *Anthologie de l'humour noir* (1940), André Breton accorde une place de choix à Alphonse Allais. Dès lors, l'auteur normand endosse la paternité de l'humour français, cette subtilité des jeux de l'esprit qui s'oppose à la banale gauloiserie faisant encore florès au tournant du XIXe siècle. Car avant cette tardive reconnaissance, il faut bien reconnaître qu'Alphonse Allais ne déchaîna pas l'enthousiasme de ses contemporains, à l'instar d'ailleurs de son

« frère jumeau », Arthur Rimbaud, né comme lui le 20 octobre 1854.
Et pourtant, Alphonse Allais fut lui aussi précoce. Dans la pharmacie familiale, à un chauve qui se plaint d'un violent mal au genou, le jeune homme répond : « Une simple migraine, sans doute. » Toutefois, il convient de préciser que certains biographes attribuent plutôt cette saillie à Jules Renard (1864-1910), l'auteur de *Poil de carotte*.
En revanche, personne ne viendra lui disputer cette facétie qui amusait beaucoup le fringant Alphonse. Et que chacun peut reproduire sans aucune difficulté. Allais possédait dans sa bibliothèque un banal volume de Voltaire qu'il ne manquait jamais d'exhiber négligemment devant de nouveaux visiteurs. Notamment lorsqu'il savait ses hôtes quelque peu vaniteux. Avec une malice acidulée qui laissait poindre l'ironie méprisante, Alphonse présentait au cuistre la page de garde où trônait cette superbe dédicace : « À Alphonse Allais, avec mes regrets de ne l'avoir pas connu. » Signé : « Voltaire. »
Du coin de l'œil, l'humoriste observait alors goulûment la réaction du pédant. Pour son plus grand bonheur. Car Allais affirma que nombre de godelureaux bouffis de suffisance tombèrent dans le panneau, ignorant que l'auteur de *Candide*, François Marie Arouet, mourut soixante-seize ans avant la naissance du sémillant Alphonse.

Particule

Dans un cocktail mondain, Alphonse Allais s'amuse d'un jeune baron particulièrement vaniteux, intarissable sur les degrés et mérites de sa prestigieuse ascendance. Face à l'inextinguible logorrhée du mirliflore infatué, Allais intervient : « Monsieur, il est toujours avantageux de porter un titre aristocratique ponctué d'une particule. Être *de* quelque chose, ça pose un homme. Un peu comme être *de* garenne, ça pose un lapin. »

“

Alphonse Allais a aussi dit :

J'ai connu bien des filles de joie qui avaient pour père un homme de peine.

Il ne suffit pas d'avoir du talent, encore faut-il savoir s'en servir.

Dieu a sagement agi en plaçant la naissance avant la mort. Sans cela, que saurait-on de la vie ?

C'est quand on serre une dame de trop près qu'elle trouve qu'on va trop loin.

Les statistiques ont démontré que la mortalité dans l'armée augmente sensiblement en temps de guerre.

Il vaut mieux être cocu que veuf. Il y a moins de formalités.

Trois mois avant ses noces, Hélène eut un moutard. En arrivant trop tôt, on arrive bâtard.

Le café est un breuvage qui fait dormir quand on n'en prend pas.

Le cocu est un entier qui partage sa moitié avec un tiers.

WOODY ALLEN

(1935-...)

Acteur, scénariste et réalisateur américain

Obsessions

Autodidacte né à New York dans le quartier de Brooklyn, Allen Stewart Konigsberg (dit Woody Allen) signe des textes humoristiques dès l'adolescence. À dix-neuf ans, il vend des gags aux chaînes de télévision et gagne beaucoup d'argent avec ce type de *one-liners* (plaisanteries en une ligne) dont les producteurs de grands shows télévisés raffolent. En 1961, Woody Allen se produit dans les cabarets et à la télévision. Aussitôt, Charles Feldman le remarque et l'engage pour écrire le scénario de *Quoi de neuf, Pussycat ?* (1965), un film de Clive Donner. Woody y tiendra un rôle important aux côtés de

Peter O'Toole, Romy Schneider et Peter Sellers. Tandis qu'il travaille d'arrache-pied au scénario commandé, il va chaque midi dans le même restaurant pour déjeuner d'un simple filet de sole ! Le reste du temps, il s'adonne à sa passion favorite : jouer de la clarinette, enfermé dans sa chambre d'hôtel. Woody Allen n'arrêtera jamais d'interpréter avec jubilation des airs de dixieland (musique jazz de style New Orleans) et il a d'ailleurs entrepris une tournée européenne avec le New Orleans Jazz Band (1996).
À d'autres périodes de sa vie, Woody (il a choisi ce surnom en référence au mot anglais *woodwind* qui désigne le bois d'un instrument de musique) a eu d'autres monomanies en matière de nourriture. Par exemple, pendant de longs mois, il n'a mangé que du thon en boîte ! Y compris lorsqu'il allait dîner dans un restaurant chic.
Chacun connaît aujourd'hui les peurs, obsessions, phobies et idées fixes que Woody Allen a osé exhiber en se mettant en scène avec une subtile pudeur, renouvelant ainsi le genre burlesque dans la lignée des Groucho Marx, Buster Keaton et Jerry Lewis.

Sexy

« Nul n'est prophète en son pays ». Ce vieil aphorisme colle parfaitement à la peau du brave Woody Allen. Boudée par les Américains qui éprouvent souvent quelques difficultés à se moquer de leurs propres turpitudes, l'œuvre de ce cinéaste original a obtenu un énorme succès en Europe. Et spécialement en France.

Dans des sondages réalisés auprès des lectrices de magazines français, il arrive souvent que Woody Allen figure au plus haut dans les classements désignant les hommes les plus sexy. En apprenant un jour le résultat plutôt flatteur d'une étude de ce genre, Woody Allen se montra fort surpris. Il eut ce commentaire laconique : « Les sous-titres de mes films doivent être bougrement bons. »

Psychanalyse

À l'instar des personnages qui évoluent dans ses films, Woody Allen a toujours entretenu des relations tumultueuses, complexes et ambiguës avec les femmes. En 1956, il épouse une étudiante en philosophie. Ce premier mariage se termine par un procès en diffamation, une suite logique aux propos douteux que le réalisateur a prononcés à l'encontre de son ex-épouse. Remarques que le cinéaste considère comme de simples plaisanteries. En 1966, Woody convole de nouveau en justes noces avec la comédienne Louise Lasser, qui jouera dans *Bananas* (1971) et dans *Tout ce que vous avez toujours voulu savoir sur le sexe sans jamais oser le demander* (1972). Après un nouveau divorce, Woody Allen va partager la vie de l'actrice Diane Keaton pendant près de dix ans, puis celle de la comédienne Mia Farrow pendant

douze ans. Et c'est là que prend corps un épisode tragi-comique digne des scénarios les plus tourmentés de ses propres films.
Femme au grand cœur, Mia Farrow a adopté de nombreux enfants (au total, sa biographie mentionne dix adoptions). De sa relation avec Woody naîtra le petit Satchel, ce qui ne les empêchera pas d'adopter deux autres enfants (Moses et Dylan). Dans ce casting hétéroclite figure également, au milieu de quelques autres, Soon-Yi Prévin, la fille adoptive d'une précédente union entre Mia Farrow et le pianiste André Prévin (chef d'orchestre et compositeur d'origine allemande). Ce généreux puzzle idéalisé par les magazines people va exploser en 1992, lorsque Mia Farrow découvre que Woody Allen détient des photos pour le moins suggestives d'une Soon-Yi totalement dévêtue. Le scandale éclate et l'affaire passe de la lumière des projecteurs à l'ombre des prétoires. Cependant, Soon-Yi et Woody s'installent aussitôt ensemble et ils se marieront à Venise le 23 décembre 1997.
Reste que cet épisode a défrayé la chronique, sans cependant entamer le capital de sympathie dont jouit Allen auprès de son public. Toutefois, les attaques furent très virulentes aux États-Unis. En 2001, près de dix ans après les événements, Woody Allen annonce qu'il vient d'arrêter une psychanalyse commencée quarante ans plus tôt ! En utilisant les à-peu-près d'usage qui nourrissent la

caricature, un humoriste américain commente ainsi la nouvelle : « Si après quarante ans de thérapie vous épousez votre propre fille, cela signifie que le psy est totalement nul ! »

Triomphe

Un journaliste du magazine américain *Newsweek* s'inquiétait du succès commercial des films de Woody Allen après l'affaire des photos compromettantes de Soon-Yi et du scandale qui en découla. « Cela n'a eu aucun effet », répliqua Woody. Et d'ajouter fièrement : « De toute façon, sachez que mes films ne font jamais de succès commercial ! »

Le réalisateur a d'ailleurs coutume de dire : « Si mes films ne font pas de bénéfices, c'est que je fais du bon boulot. » Il est vrai que ses deux longs métrages qui ont obtenu des oscars (*Annie Hall*, 1977 et *Hannah et ses sœurs*, 1986) ont réalisé de modestes audiences mondiales. *Annie Hall* reste même la plus faible recette de tous les films jusqu'ici sacrés par un oscar.

Phobies

Les obsessions, névroses et autres anxiétés que véhicule Woody Allen font désormais partie de la légende du personnage. Le réalisateur les a d'ailleurs mises en scène dans ses films et il les a même souvent interprétées personnellement. Par exemple, la claustrophobie et ses formes apparentées reviennent régulièrement. Le scénariste a déclaré : « Quand

l'occasion se présente, j'achète toujours un journal avant de monter dans un ascenseur. Car je ne peux pas rester seul avec mes pensées dans un ascenseur plus de trente secondes. »
Woody confesse aussi une hantise indicible pour les tunnels. Aussi parcourt-il des dizaines de kilomètres pour ne pas avoir à les emprunter. Il avoue avoir un jour effectué un détour de plus de cent kilomètres pour éviter un tunnel. Il a également précisé dans des interviews que la même angoisse l'envahit souvent dès qu'il doit traverser un pont. Là encore, il n'hésite pas à faire de longs détours.
Parmi d'autres phobies, Woody Allen évoque sa hantise des couleurs vives et brillantes. Aussi s'habille-t-il, à la ville comme dans ses films, de tons neutres, voire ternes. D'ailleurs, ses fans savent qu'il porte le plus souvent des costumes de velours brun ou vert sombre.

Prolifique et perfectionniste

Avec à son actif un long métrage par an depuis *Prends l'oseille et tire-toi* (1969), Woody Allen reste sans conteste le scénariste et réalisateur le plus fécond de l'histoire du cinéma. Et l'étendue de son imagination en perpétuelle effervescence force l'admiration si l'on ajoute à cette longue filmographie l'écriture de ses livres et de ses pièces de théâtre. Comme le dirait si bien le chaland tout ébaubi, mais où va-t-il donc chercher tout ça ? Réponse : parfois au fond de sa

poche. En effet, la légende veut que Woody ait un jour écrit l'ébauche d'un synopsis au dos d'une boîte d'allumettes ! Quelques années plus tard, il aurait retrouvé par hasard cette boîte « magique » et relu les notes en question. Inspiré, Woody aurait alors rédigé le scénario de *Hollywood Ending* (2002).
Tourner en permanence n'empêche absolument pas le scénariste de cultiver un goût prononcé du détail. Une attitude qui confine souvent à la maniaquerie et qui agace parfois ses plus fidèles collaborateurs et dévoués comédiens. Par exemple, dans *Coups de feu sur Broadway* (1994), la comédienne Diane Wiest a rejoué trente fois la même scène. À savoir : descendre un escalier de trente-neuf marches.

“

Woody Allen a aussi dit :

Si Dieu existe, il faut qu'il nous présente des excuses de toute urgence.

Chaque fois que j'entends du Wagner, j'ai envie d'envahir la Pologne.

On ne voit jamais d'aveugles dans un camp de nudistes.

Comment voulez-vous que je croies en Dieu alors que la semaine dernière je me suis pris la langue dans un ruban de machine à écrire ?

Je suis exaspéré par les gens qui veulent connaître l'univers alors qu'il est déjà très difficile de trouver son chemin dans Chinatown.

Si Dieu existe, je ne pense pas qu'il soit méchant. Mais il est bougrement décevant.

Selon certains astrophysiciens, l'univers serait un espace fini. C'est une excellente nouvelle pour tous ceux qui ne se souviennent pas où ils laissent leurs affaires.
Si seulement Dieu pouvait me faire un signe clair. Par exemple, déposer une grosse somme d'argent sur un compte en Suisse.

L'argent, c'est mieux que la pauvreté. Mais seulement pour des raisons financières.

Je ne crois pas à l'au-delà, mais j'emporte quand même un caleçon de rechange.

Le lit est le terrain d'entraînement du cercueil.

HANS CHRISTIAN ANDERSEN

(1805-1875)

Écrivain danois

Célèbre dans le monde entier grâce à ses aimables récits destinés aux enfants, Andersen aurait pu

écrire des textes plus tourmentés. Car l'équilibre mental ne figurait pas au rang des qualités premières de l'auteur. Andersen souffrait de névroses obsessionnelles. Par exemple, il avait la hantise du sommeil. L'écrivain craignait de mourir enterré vivant. Et, pour éviter pareille aventure, dans un ultime sursaut de lucidité où la dérision semble malgré tout l'emporter sur la pathologie chronique, Andersen posait chaque soir au pied de son lit un petit mot soigneusement calligraphié de sa main : « Je donne seulement l'impression d'être mort. »
Il faut d'ailleurs souligner que les contes de fées du brave Hans Christian n'ont pas d'emblée soulevé l'enthousiasme de la presse. Vers 1837, un critique notait : « Tout à fait inadapté pour les enfants. » Et d'ajouter que les récits d'Andersen étaient « franchement nuisibles pour la santé ».

Pénible

Fils d'un modeste cordonnier, Andersen entreprend des études tardives grâce au soutien de Jonas Collin, directeur du Théâtre royal de Copenhague. Il voyage ensuite à travers l'Europe, l'Afrique et l'Asie Mineure. Au cours d'une de ces nombreuses pérégrinations, Andersen décide de s'arrêter un moment en Angleterre. Là, il rend visite à l'un de ses éminents confrères de l'époque : Charles Dickens (1812-1870). L'auteur d'*Oliver Twist* et de *David Copperfield* l'accueille avec grand plaisir.

Les deux hommes s'estiment et beaucoup de choses les rapprochent. Bien sûr, Dickens écrit lui aussi des contes, mais surtout, bien qu'issu d'une famille de petits bourgeois, l'écrivain anglais a également vécut une enfance proche de la misère. D'ailleurs, les aventures d'Oliver et David n'ont pas manqué de toucher Andersen, qui se sent parfaitement à l'aise dans la maison du romancier. Au point que Hans Christian décide chaque matin de prolonger son séjour qui, à l'origine, ne devait durer que quarante-huit heures. Âme romantique et sentimentale, Charles Dickens reste serviable.
Après le départ de l'écrivain danois, Dickens retrouve cependant l'humour sarcastique qui a fait merveille dans *Les Aventures de M. Pickwick.* Ainsi appose-t-il une petite carte au-dessus du miroir situé dans la chambre d'amis. On peut y lire : « Hans Christian Andersen dormit cinq semaines dans cette pièce. Ce qui parut des siècles à l'ensemble de la famille. »
Beaucoup plus tard, l'une des filles de Dickens (il avait dix enfants) commentait encore l'épisode. Elle se souvenait d'un « personnage décharné, morbide et ennuyeux ». Et de conclure : « Un véritable pot de colle dont mon père ne pouvait plus se débarrasser. »

Fred Astaire

(1899-1987)

Danseur et acteur américain

De son vrai nom Frederick Austerlitz, Fred Astaire commence à jouer dans des spectacles de music-hall dès l'âge de sept ans, accompagné de sa sœur Adèle. De 1917 à 1932, ils interprètent de nombreuses comédies musicales à Broadway. Adèle décide de suspendre sa carrière et Fred Astaire se tourne vers le cinéma.

La notoriété vient grâce à ses numéros de danse et de claquettes aux côtés de Ginger Rogers (1911-1995). Pourtant, lorsque Fred effectue un bout d'essai en 1932 pour un studio de Hollywood, sa fiche porte ce commentaire : « Ne sait pas jouer la comédie. Présente une calvitie naissante. Peut éventuellement danser un peu. »

Doté d'une exceptionnelle virtuosité et d'un énorme charisme, le danseur classique et chorégraphe russe Rudolf Noureïev (1938-1993) portait un jugement sans indulgence à propos des numéros de danse des comédies musicales américaines des années trente et quarante. Il a dit un jour : « Fred Astaire est un prince, Gene Kelly un ours en peluche. »

Gene Kelly (1912-1996) tourna avec Fred Astaire dans *Ziegfeld Follies,* de Vincente Minnelli (1946).

Après la guerre, il interprète des films qui marqueront l'histoire de la comédie musicale :

Un jour à New York (1949) et *Chantons sous la pluie* (1952). En 1960, il régla même un ballet pour l'Opéra de Paris, *Pas de dieux.*

B

Jean-Sébastien Bach
(1685-1750)
Compositeur allemand

Obsession

Dès son plus jeune âge, Jean-Sébastien s'initie à la pratique des instruments à corde aux côtés de son père, tandis que son oncle lui apprend à jouer de l'orgue. Orphelin dès l'âge de dix ans, Jean-Sébastien Bach passe ensuite une bonne demi-douzaine d'années à Ohrdruf, chez son frère aîné, Johann Christoph, lui aussi musicien et alors élève d'un célèbre compositeur et organiste de l'époque, Johann Pachelbel (1653-1706). Là, il commence à étudier le clavecin et la composition.

En 1700, Bach entre à la maîtrise de Saint-Michel de Lunebourg et complète sa formation sous la férule de l'organiste Georg Böhm (1661-1733). En 1703, il est engagé pour occuper le poste d'organiste de la ville d'Arnstadt où il compose sa première cantate (1704). Il n'a pas vingt ans et possède déjà une exceptionnelle culture musicale. Bach écrit plus de cent cinquante chorals pour orgue, deux cents cantates, des passions et des motets. Puis il excelle dans la musique instrumentale (préludes, fugues, fantaisies, sonates) et orchestrale (concertos). Bref, la musique l'habite et il la vit intensément à chaque instant. Ainsi arrive-t-il un jour à une réception où il entend un jeune claveciniste jouer dans une pièce grouillante de monde. Jean-Sébastien se précipite alors vers son hésitant « confrère », qui vient de produire un accord approximatif. Bach arrête le musicien et joue en insistant sur le bon accord. Puis il enchaîne quelques mesures. Et ce n'est qu'après cet intermède qu'il se dirige vers son hôte pour enfin le saluer.

Concurrence
Dans le cabinet de musique de son frère, Jean-Sébastien remarque un ouvrage qui rassemble les compositions des plus célèbres musiciens de son temps : Pachelbel, Böhm, Buxtehude, Froberger, etc. Il s'en ouvre à Johann Christoph et lui demande de bien vouloir lui prêter ce livre « magique ». Refus catégorique du frangin qui compte bien le garder par-devers lui pour mieux étudier les merveilles que contient cet ouvrage. Car le grand frère n'observe pas d'un œil bienveillant l'indiscutable aisance de Jean-Sébastien.

Qu'à cela ne tienne. Le soir venu, lorsque chacun s'est endormi, Jean-Sébastien rampe jusqu'au cabinet pour y subtiliser le livre. Et il passe le reste de la nuit à le copier sur un cahier avant de ranger le précieux objet dans la bibliothèque au petit matin. Le manège dure six mois, jusqu'au jour où Johann Christoph découvre le cahier de copies. Furieux, il le confisque, avec de sévères remontrances à la clé (de *fa*, bien sûr !). Jean-Sébastien retrouvera son cahier près de vingt-cinq ans plus tard, à la mort de son frère aîné, en 1721.

Forfait

Même si cela paraît aujourd'hui invraisemblable, il convient d'insister sur le fait que Jean-Sébastien Bach fut davantage connu de son vivant pour son talent d'organiste plutôt que pour son génie de compositeur. En voici la preuve.

En 1716, l'organiste et claveciniste français de renom Louis Marchand (1669-1732), auteur de superbes *Pièces de clavecin* composées vers 1703, se rend à Dresde, capitale historique de la Saxe, dans l'est de l'Allemagne. Il est reçu en grande pompe par les autorités de la ville et se produit ici ou là, égayant de sa virtuosité les soirées mondaines locales. Le chef d'orchestre de la municipalité, un certain Jean-Baptiste Volumier, décide alors de prendre contact avec Jean-Sébastien Bach pour organiser une sorte de concours entre les deux hommes. Marchand et

Bach relèvent le défi. À cette époque, Bach exerce à la cour du duc de Weimar les fonctions d'organiste, de violon solo et de compositeur.
Arrivé à Dresde, Jean-Sébastien demande une faveur : pouvoir écouter discrètement Louis Marchand. Volumier arrange la chose et Jean-Sébastien assiste, incognito, à une représentation du virtuose français. Pendant les jours qui suivent, Bach joue dans quelques soirées pour son propre plaisir, car le mot « répétition » ne fait pas partie de son vocabulaire.
Vient alors le soir tant attendu. La cérémonie se déroule dans un palace de la ville en présence de tous les notables. Bach arrive à l'heure convenue, tandis que Marchand se fait attendre. Volumier doit envoyer un messager à son hôtel pour lui rappeler son rendez-vous. Personne. Louis Marchand a quitté la ville le matin même. On apprendra un peu plus tard que le virtuose français avait lui aussi écouté son rival en cachette. Après l'audition, Marchand avait préféré se défiler.

Bagarre

Certes brillant compositeur et exceptionnel organiste, Jean-Sébastien éprouvait quelques difficultés à enseigner son art. Un jour qu'il regagne son domicile, il est pris à parti par l'un de ses élèves bassoniste, J.-H. Geyersbach.
Quelque peu échauffé par la présence de cinq de

ses camarades, le musicien en herbe commence par insulter son professeur. L'incartade dégénère et les coups commencent à pleuvoir de part et d'autre. Dans la mêlée, Bach sort même son épée. Mais un attroupement se forme et le calme revient. L'effusion de sang a été évitée de justesse.
Lorsque les autorités judiciaires reviennent plus tard sur l'affaire, Jean-Sébastien Bach sera officiellement « blâmé » pour avoir qualifié son opposant de « sale bique ».

Médiocre
À son retour de Lübeck (1707), Bach perd son poste à Arnstadt et part alors à Mühlhausen. La même année, il se marie avec sa cousine, Maria Barbara Bach (1684-1720). Sept enfants naissent de cette union. En 1708, Jean-Sébastien Bach rejoint la cour du duc de Weimar. Il la quitte en 1717 pour gagner celle du prince Léopold d'Anhalt-Cöthen (1717-1723). Et il établit avec lui de véritables liens d'amitié. S'ensuit une période de création féconde. En 1721, un an après la mort de Maria Barbara, Bach se remarie avec la fille d'un trompettiste, Anna Magdalena Wilcken (1701-1760). Ils auront treize enfants, dont dix mourront en bas âge. En 1723, Bach obtient le poste de cantor (chantre, une sorte de chef de chœur) à l'église Saint-Thomas de Leipzig. Là encore, sa vie dans la capitale saxonne ne ressemble pas à un long fleuve tranquille. Soumis aux

exigences du conseil de la ville, Jean-Sébastien travaille beaucoup. Car il lui faut œuvrer pour les quatre églises de la cité. Mais il déploie une énergie débordante en écrivant près de trois cents cantates. Toutefois, les autorités de Leipzig semblent s'acharner sur Jean-Sébastien, qu'ils trouvent solitaire, arrogant et peu enclin à respecter ses engagements. D'aucuns le sermonnent même parce qu'il joue d'« étranges mélodies » pendant les services religieux. De son côté, un conseiller de la municipalité, Abraham Platz, lui reproche d'interpréter à l'église des morceaux trop longs. Bach se vexe, ou s'amuse, et il décide alors d'en jouer de très courts, ce qui met tout ce petit monde dans une rage folle. Du coup, Jean-Sébastien traîne des pieds et, par exemple, attend quatre mois pour aller inspecter le nouvel organiste d'une église voisine. Bref, Bach n'est pas très facile à « gérer ». Au point que le pauvre Abraham Platz, excédé, lâchera un jour : « Quand on ne peut pas obtenir le meilleur candidat au poste de cantor, il faut savoir se contenter d'un médiocre. » Oui, il parlait bel et bien de Jean-Sébastien Bach.

Honoré de Balzac

(1799-1850)
Écrivain français

Tardif

Le 28 février 1832, Balzac reçoit une lettre venue d'Ukraine signée « l'Étrangère ». Le plus prolifique des écrivains français, en concurrence probable avec Victor Hugo, n'a alors écrit que quelques romans : *La Peau de chagrin, Louis Lambert, La Femme de trente ans, Le Curé de Tours.* Mais la signataire de cette missive enthousiaste a perçu un génie en germe, celui qui donnera une œuvre monumentale, *La Comédie humaine,* cycle de romans, nouvelles et contes philosophiques décrivant les rouages de la vie sociale de son temps. Frappé par la pertinente et flatteuse analyse de cette inconnue, Balzac répond. Derrière « l'Étrangère » se cache en fait Ewelina Hanska, une séduisante comtesse polonaise. S'ensuit une correspondance qui durera dix-sept ans. Honoré rendra plusieurs fois visite à Ewelina, en Suisse et en Russie. Il l'épousera le 14 mai 1850. Trois mois avant de mourir. À ceux qui s'étonnaient qu'il n'épouse pas la comtesse plus tôt (elle était veuve depuis 1841), Balzac répondait : « Il est plus difficile d'être un bon mari que d'être un amant. De la même façon, il est beaucoup plus facile de faire un bon mot de temps en temps plutôt que d'avoir de l'esprit tout au long de la journée. »

Délire

Pendant une vingtaine d'années, Balzac s'adonne avec frénésie à une intense création littéraire. Outre une trentaine de contes et cinq pièces de théâtre, Honoré écrit quelque quatre-vingt-quinze romans qu'il classe dans sa *Comédie humaine*. Et avec la publication du *Père Goriot* (1834), Balzac introduit la notion de personnages récurrents qui créeront ensuite un lien entre ses différents romans. Il assure ainsi une structure et une cohérence à l'ensemble de son œuvre qui se veut le miroir fidèle de la société. Mais l'inventeur du roman moderne y laisse sa santé : il meurt à cinquante et un ans, exténué par les efforts que lui a demandés ce travail acharné.
Balzac vivait intensément son art et mêlait en permanence la fiction à la réalité, au point de ne plus en connaître lui-même les frontières. Ainsi, dans la soirée du 18 août 1850, tandis qu'il agonise sur son lit de mort, Balzac aurait demandé avec insistance la présence à son chevet du Dr Horace Bianchon, le médecin de la *Comédie humaine*.

Fauché

Entre 1822 et 1827, Balzac produit quelques romans d'aventure et romans sentimentaux sous les pseudonymes de lord R'hoone ou d'Horace de Saint-Aubin. Sans succès. Pourtant, Honoré trépigne d'impatience et ne contient plus sa soif de gloire. En 1825, il s'associe avec un libraire pour se lancer dans un ambitieux projet : l'achat d'une imprimerie. Mais l'affaire débouche sur une désastreuse faillite. Cependant, Balzac continue de dépenser l'argent qu'il n'a pas dans de fastueux achats (tapis, orfèvrerie, objets précieux). Il est donc assailli par ses créanciers. Mais en 1835, nouveau coup dur. Balzac reprend un journal intitulé *La Chronique de Paris*. Là encore, l'aventure tourne court et le gouffre financier continue de se creuser. C'est dans ce contexte qu'un cambrioleur s'introduit une nuit dans l'appartement de l'auteur de *Scènes de la vie privée*. Et tandis que le larron essaie d'ouvrir la porte du bureau, il entend derrière lui le rire tonitruant de Balzac :

« Pourquoi riez-vous ? demande le pillard apeuré.

– Parce que vous pensez découvrir ici de l'argent ! En pleine nuit ! Le propriétaire des lieux ne parvient même pas à en trouver le jour ! »

Parenté

Jean-Louis Guez de Balzac (1597-1654), surnommé le « grand épistolier » ou le « restaurateur de la langue française », fut inscrit d'office à l'Académie française en mars 1634. Ainsi fut-il le premier occupant du vingt-huitième fauteuil. Vaniteux et proche du pouvoir (il écrivit une apologie de Louis XIII et une autre de Richelieu, son protecteur), Guez de Balzac demeure cependant un fin lettré qui a contribué à codifier la prose.

À un admirateur qui lui demande un jour s'il est un descendant de Guez de Balzac, Honoré répond : « Non. Et c'est tant pis pour lui ! »

“

Honoré de Balzac a aussi dit :
L'heureux arrangement des choses et des mots est préférable aux choses et aux mots eux-mêmes.

Comme la majorité des hommes sont des médiocres, ils ne votent en général que pour des médiocrités, leurs semblables.

Que de sottises humaines dans le bocal étiqueté « Libertés » !

La gloire est un poison qu'il ne faut prendre qu'à petites doses.

Béla Bartók

(1881-1945)

Pianiste et compositeur hongrois

Masochiste
Dès 1902, Béla Bartók commence une brillante carrière de concertiste et, parallèlement, se consacre à la composition. En 1905, Isidore Philipp, prestigieux professeur de l'époque, propose à Béla

Bartók de rencontrer le compositeur français Camille Saint-Saëns (1835-1921). Mais le jeune homme décline poliment l'invitation. Fort de son entregent légendaire, Isidore Philipp égrène d'autres noms qui n'enthousiasment guère Bartok. Agacé par le comportement du jeune pianiste, Isidore Philipp s'emporte : « Qui pourrait donc trouver grâce à vos yeux ? » Sans aucune hésitation Béla Bartók cite Claude Debussy (1862-1918).
« Debussy. Mais vous n'y pensez pas ! Il déteste tout le monde et sera odieux avec vous. Voulez-vous vraiment être insulté par Debussy ?
– Oui, absolument », répond stoïquement Bartok.

Détail
Créée à l'opéra de Cologne le 27 novembre 1926, la pantomime en un acte de Béla Bartók intitulée *Le Mandarin merveilleux* n'est pas accueillie dans la plus parfaite sérénité. Ce ballet déclenche un véritable scandale et il ne sera reconnu qu'après la mort du compositeur hongrois. Car le sujet dérange. L'œuvre met en scène trois mauvais garçons qui, dans une maison louche, poussent une prostituée à séduire des passants pour les dévaliser. Après deux tentatives infructueuses, la jeune femme tient le client idéal en la personne d'un riche mandarin. Séduction voluptueuse, poursuites violentes, désir assouvi et assassinat du Chinois font de cette pantomime une exceptionnelle métaphore de la civilisation corruptrice.

Le Mandarin merveilleux traduit avec vigueur le chaos du monde, mais le public ne comprend pas. Alors maire de la ville de Cologne, Konrad Adenauer (1876-1967) se voit même un moment demander la démission du chef d'orchestre, Eugen Szenkar. Car la première représentation a engendré une sorte de petite émeute, avec sifflets et jet de boules puantes ! Mais ce soir-là, Béla Bartók reste impassible. Et cependant songeur, voire préoccupé. Insensible aux huées, il fend la foule et se dirige promptement dans la loge du chef : « Eugen, à la page trente-quatre, la seconde clarinette joue en *mezzo forte.* On ne l'entend pas. Désormais, faites-la jouer en *forte* s'il vous plaît. »

SAMUEL BECKETT

(1906-1989)

Écrivain, poète et dramaturge irlandais.
Prix Nobel de littérature (1969)

Élite

Après des études au Trinity College de Dublin, Samuel Beckett enseigne peu de temps à Belfast, au Campbell College. Le futur auteur de *En attendant Godot* (1952) sera ensuite nommé lecteur d'anglais à l'École normale supérieure de Paris. Puis il fera

un nouveau détour vers le Trinity College de Dublin (1930), mais cette fois comme professeur.
L'insoutenable pédantisme qui prévaut alors dans le monde universitaire du Trinity College exaspère Beckett. Un jour, pour tromper son ennui, il prépare un merveilleux canular destiné aux adhérents de la Modern Language Society de Dublin. Sur un ton solennel, ce long jeune homme au visage anguleux et au regard bleu clair lit à un auditoire pénétré de suffisance son étude consacrée au concentrisme, une école littéraire du sud-ouest de la France fondée par Jean de Chas.
Samuel Beckett s'amusera longtemps d'avoir ainsi controuvé un parterre de cuistres qui crurent dur comme fer en l'existence du génial « Jean de Chas » et à son « concentrisme ».

Crémeux

Après la publication d'un roman en langue anglaise, *Murphy* (1938), Beckett se fixe définitivement en France avant la Seconde Guerre mondiale. Membre du réseau Gloria, il participe à la résistance contre l'occupation nazie et jamais il ne cachera avoir préféré le sol « d'une France en guerre plutôt que celui d'une Irlande en paix ».
Au sortir de la guerre, dans un entretien pour le journal britannique *The Times* (février 1948), on lui rappelle qu'il eut l'insigne honneur d'enseigner à l'élite de la jeunesse de Belfast, au Campbell College.

« La crème de l'Ulster », précise fièrement le journaliste. Samuel réplique du tac au tac : « Oui. Riche et épaisse ! »

Catastrophe

Après un long moment de vie commune, Samuel Beckett épouse Suzanne en 1961, au cours d'une cérémonie civile très discrète qui se déroule en Angleterre. Le dramaturge est alors au sommet de son art et dans une intense période de création. Le triomphe est au rendez-vous et Beckett parcourt le monde.

Cette effervescence ne convient guère à Suzanne. D'aucuns affirment même qu'une tension palpable s'immisce alors dans le couple. Pour preuve.

Un jour, la sonnerie du téléphone retentit. Suzanne répond. Surprise, puis ouvertement contrariée, elle ne s'adresse à son interlocuteur que par de brèves onomatopées. Ses indéchiffrables signes d'acquiescement peinent à dissimuler une profonde irritation. Suzanne raccroche le téléphone. Puis elle murmure en direction de Beckett plongé dans la énième lecture de la *Divine Comédie* de Dante : « Quelle catastrophe ! » Son interlocuteur, qui appelait de Suède, venait d'apprendre à Suzanne que Samuel avait obtenu le prix Nobel de littérature de l'année 1969.

Beckett reprit souvent la formule de Suzanne et il considéra lui-même cette distinction comme une réelle catastrophe. Ce qu'il signifia clairement en refusant de se rendre à Stockholm, arguant de son mépris des mondanités.

Francophile

Farouchement irlandais, francophone distingué (il rédigea nombre de ses pièces et romans en langue française) et francophile accompli, Samuel Beckett ne manquait pas d'humour. Un jour, peu après l'obtention du Nobel, en guise de prélude à une interview, un journaliste français peu documenté lui dit :

« Monsieur Beckett, vous êtes donc anglais...

– Au contraire ! » interrompt immédiatement le dramaturge.

Ludwig van Beethoven

(1770-1827)

Compositeur allemand

Parrain

Personnage de légende, Beethoven a marqué l'histoire de la musique. Avec Gluck, Haydn et Mozart, il fut l'un des plus éminents représentants du classicisme viennois. Animé d'une volonté hors du commun, il a surmonté le drame de la surdité en

continuant de composer une œuvre majeure, forçant ainsi l'admiration de tous ses contemporains.
À l'inverse de Mozart, Beethoven ne fut pas un enfant prodige. Mais il ne manquait pas d'ambition.
Entre 1789 et 1792, tandis qu'il occupe un pupitre de modeste violoniste à l'opéra de Bonn, Ludwig se met en tête de trouver une sorte de mécène. Un jour, il rencontre un éditeur qui regrettera toute sa vie de ne pas avoir accepté la proposition de l'auteur, entre autres, de *la Symphonie héroïque,* de *Lettre à Élise* et de l'*Ode à la joie*. En effet, le jeune homme voulait conclure un marché très simple : « Je vous lègue tous les droits exclusifs de mes futures œuvres. En échange, vous me donnez une bourse pour vivre décemment. Vous savez, je ne suis pas un fainéant. Et je crois savoir que Goethe et Haendel ont déjà fait de même avec leurs éditeurs. »
Interloqué par le culot de cet apparent godelureau qu'il prend pour un audacieux aigrefin, l'éditeur réplique : « Jeune homme, vous n'êtes pas plus Goethe que Haendel. Et rien n'est moins sûr que vous soyez un jour quelqu'un. » Il prit Beethoven par le bras et le reconduisit fermement sur le pavé.

Méthode

Beethoven possédait une méthode très personnelle pour trouver l'inspiration. Ainsi, avant de commencer à composer, il se plongeait la tête dans une grande bassine d'eau froide. Puis il se mettait à

l'ouvrage. Il s'arrêtait régulièrement et, tout en fredonnant, il se versait sur les mains l'eau contenue dans une cruche fétiche. Puis Ludwig se levait de temps à autre pour arpenter la pièce en s'aspergeant de nouveau. Il regagnait alors sa table de travail et, impassible, poursuivait son œuvre.
Ce rituel extravagant ne manquait pas de perturber ses proches amis. Certains racontèrent qu'ils avaient souvent trouvé Ludwig dans des vêtements détrempés. D'autres visiteurs, non informés de cette fantaisie stimulante, s'étonnaient d'arriver dans un appartement aux murs, sol, voire plafond éclaboussés d'eau. Mais jamais personne n'osa évoquer avec le musicien cette pratique créatrice pour le moins singulière.

Concours

Après une série de concerts qui le menèrent en 1796 à Prague, Leipzig et Berlin, Ludwig retrouve Vienne et s'engage dans une intense période de création. Il compose notamment sa première symphonie (avril 1800). Dès lors, la renommée de Ludwig franchit les frontières de l'Autriche.
Auparavant, comme nombre de ses collègues compositeurs du XVIIIe siècle, Beethoven a souvent accepté de participer à des sortes de concours de piano.
Dans l'une de ces joutes musicales, un certain Daniel Stiebelt s'engage dans une brillante improvisation qu'il a choisi d'interpréter sur un thème cher à Beethoven. Outré par de tels agissements qui man-

quent à ses yeux de loyauté, Ludwig se rend à son tour au piano. Non sans avoir subtilisé la partition de Stiebelt qu'il place ostensiblement à l'envers sur le pupitre. Ludwig commence à jouer avec le seul index de la main droite en martelant le clavier, puis, après quelques dizaines de secondes, il se lance dans une improvisation sublime. À tel point que le brave Stiebelt, pour éviter le ridicule, doit s'éclipser avant la fin.

Troisième et *Neuvième*

Acquis aux idéaux des Lumières et aux utopies de la Révolution de 1789, Beethoven voit en Bonaparte le sauveur des avancées démocratiques engagées par l'État français. Aussi le compositeur dédia-t-il sa *Troisième Symphonie*, dite *Symphonie héroïque*, écrite en 1803, à Bonaparte dont il admire le courage. Mais lorsque Ludwig apprend la création d'un empire héréditaire entériné par le sacre de Napoléon Ier (2 décembre 1804), il rature rageusement la dédicace. Le 7 avril 1805, la création publique de ce chef-d'œuvre à Vienne déchaîne les passions du public. Quant à la célèbre *Neuvième Symphonie*, évocation du triomphe de la vie, de la volonté et de la fraternité sur le désespoir, elle prend bien sûr une extraordinaire dimension symbolique dans la mesure où Ludwig, totalement sourd depuis 1819, a connu une période de profond découragement. Elle est jouée pour la première fois en public le 7 mai 1824, déclenchant là encore une immense vague d'admiration.

L'*Ode à la joie,* le quatrième mouvement de la *Neuvième Symphonie*, a été choisie comme hymne de l'Europe en 1972.

Inspiration
Lorsqu'il entrait dans une phase de création, Beethoven aimait à expliquer qu'il communiquait avec Dieu. Et il propageait l'idée que cet état de grâce le dispensait de laborieux efforts.
Lors d'une répétition en présence de Ludwig, un violoniste vient à se plaindre des difficultés considérables qu'il éprouve à interpréter un passage à ses yeux injouable. Alors, Ludwig lui explique doctement : « Jeune homme, quand j'ai composé ce morceau, j'avais conscience d'être inspiré par Dieu tout-puissant. Croyez-vous que j'aie pu prendre en compte votre façon minable de jouer quand Il me parlait ? »

HECTOR BERLIOZ

(1803-1869)
Compositeur et écrivain français

Passion
Alors qu'il rejoint des amis à un concert, le poète et critique littéraire Ernest Legouvé (1807-1903) entend un homme vitupérer à la seule vue des musi-

ciens qui prennent place. « Il ne faut pas ici deux flûtes à bec. Bandes de brutes ! Il faut deux piccolos [sorte de flûte traversière]. Deux piccolos. Vous m'entendez ? Pauvres crétins ! » Puis l'agité se rassoit, poings serrés et lèvres frémissantes. Dans le tumulte qui s'ensuit, Ernest Legouvé observe le perturbateur et décrit « un homme jeune aux yeux perçants d'où émerge une tête de cheveux, une volumineuse tête de cheveux qui ressemble à un parapluie de mèches indomptées projetant une sorte d'auvent au-dessus du nez crochu d'un oiseau de proie ». Il s'agit d'Hector Berlioz.

Rivalité

Tandis qu'il dirige le *Requiem* d'Hector Berlioz en 1837, le chef d'orchestre, Antoine Habeneck, pose à terre sa baguette. Puis il sort de sa poche une tabatière pour en extraire tranquillement une pincée de tabac à priser. Le tout à un moment crucial de l'œuvre où la direction de l'orchestre est absolument vitale. Présent dans la salle, Berlioz se précipite alors devant Habeneck, étend largement son bras et marque un nouveau tempo que les musiciens, rassurés, suivent aussitôt. Tout rentre dans l'ordre et Berlioz conduit l'orchestre jusqu'à la fin. Habeneck n'en perd pas une miette. En nage, il se dirige vers Hector :

« Oh ! maître, j'ai eu si peur. Sans vous, nous étions perdus !

– Je sais », rétorque Berlioz en tournant les talons. Le compositeur s'interroge : et si Antoine Habeneck l'avait fait exprès ? En fait, se demande Hector, ne serait-il pas possible que son grand rival Luigi Cherubini ait fourbi un complot avec quelques-uns de ses amis jaloux du succès de l'élève ? Et Berlioz d'ajouter : « J'aimerais ne pas le croire. Mais je ne peux pas continuer de douter. »
En réalité, cette histoire colportée par Berlioz a été inventée de toutes pièces ! Mais l'anecdote a enflé et personne ne voulait vraiment tuer la rumeur. Plus tard, un ami de Berlioz (George Osborne) s'en ouvre avec franchise auprès du compositeur :
« S'agit-il bien de la représentation où nous étions allés ensemble ?
– Oui.
– Mais nous étions assis l'un à côté de l'autre... Et je n'ai jamais vu Habeneck poser sa baguette. »
Berlioz éclate d'un grand rire en avouant finalement qu'il a intégralement fabriqué le récit. « Cette histoire est trop belle. Je ne voulais pas qu'elle soit perdue ! »

Facétie

Après avoir enfin achevé une composition ambitieuse intitulée *L'Enfance du Christ* (1850-1854), Berlioz fait interpréter cette œuvre chorale en la présentant comme le travail oublié d'un maître de chapelle du XVIIe siècle. Les critiques louangeuses affluent de toutes parts. Et l'un de ces vaniteux barbons ose

même avancer que Berlioz lui-même n'aurait jamais pu composer une aussi brillante pièce.
Hector sort alors du bois en annonçant officiellement, preuves à l'appui, qu'il a bel et bien composé cette œuvre : « Le maître de chapelle, tout comme ce joyeux chant de Noël sont tout droit sortis de mon imagination. »

Silence

Illustre compositeur de l'époque, Luigi Cherubini (1760-1842) dirige le Conservatoire de musique de Paris de 1822 jusqu'à sa mort. Berlioz y entre en 1823. En 1826, le jeune Hector se trouve confronté au jugement du maître Cherubini à l'occasion d'un banal examen. Cherubini est alors au sommet de sa gloire. Il vient de composer la *Messe en la majeur* pour le couronnement de Charles X, à Reims, en 1825.
« Que signifie cette pause sur deux mesures ?
– À cet endroit, je pensais que le prolongement du silence pouvait produire un effet certain sur le public, murmure timidement l'apprenti compositeur.
– Bien ! Je pense que l'effet serait encore plus intense si vous prolongiez la pause indéfiniment. »

sa mort .

Vengeance

Hector Berlioz remporte le prix de Rome pour sa cantate *La Dernière Nuit de Sardanapale* et s'installe à la villa Médicis (1831-1832). Peu après son arrivée, le com-

positeur apprend que sa fiancée, la pianiste Marie Moke, a décidé d'épouser un autre homme.
Furieux, Berlioz décide de se venger. Il veut se rendre à Paris, tuer Marie et sa mère, sans oublier dans ses plans un « pauvre innocent », le mari. Ensuite, Berlioz se suicidera ! Comme il le raconte très bien dans ses *Mémoires,* Hector prend sa décision en quelques minutes. Et le voilà en route.
Berlioz fait escale à Nice. En chemin, la prétendue inextinguible rage s'estompe. Arrivé à Nice, Berlioz n'éprouve plus qu'une vague indignation, qui se transforme en un parfait mépris. Plus tard, Hector dira qu'il a ainsi passé ici les « trois plus exquises semaines de sa vie ».
En fait, Berlioz épousera (1833) l'actrice irlandaise Harriet Constance Smithson, rencontrée quelques années auparavant à l'issue d'une représentation d'*Hamlet.* D'aucuns affirment que Berlioz usa de moult stratagèmes et prières (voire s'égara dans le harcèlement) pour que Harriet consente finalement à l'épouser.

Inimitiés

Dans la grande famille des musiciens de ce début du XIXe, Hector Berlioz ne compte pas que des amis. Ainsi, lorsqu'il propose l'opéra *Les Francs-Juges* (1833), son collègue allemand Felix Mendelssohn (1809-1847) déclare : « Il devrait se laver les mains quand il manie une partition. »

Guère plus amène, Frédéric Chopin commente : « Berlioz a composé cet opéra en secouant son porte-plume au-dessus du manuscrit, laissant ainsi une issue possible à la chance. »

“

Hector Berlioz a aussi dit :
Outre le bonheur d'avoir du talent, il faut aussi posséder le talent d'avoir du bonheur.

J'ai la modestie de reconnaître que le manque de modestie est l'une de mes faiblesses.

Tristan Bernard
(1866-1947)
Écrivain français

Désert
Après un début de carrière d'avocat, Paul (son vrai prénom) s'engage dans les affaires. Il dirige une usine d'aluminium à Creil et prend même la tête d'un vélodrome à Neuilly-sur-Seine. Attiré par l'écriture et plus encore par les jeux du langage qui l'amusent tant, Paul propose ses premiers textes à *La Revue blanche* en 1891. Il prend le pseudonyme de Tristan,

adoptant ainsi le nom d'un cheval de course qui lui a fait gagner un bon paquet d'argent. En 1894, Tristan Bernard publie son premier roman, *Vous m'en direz tant !*. Puis ce seront notamment *Les Pieds nickelés* (1895) et *L'anglais tel qu'on le parle* (1899).
Dès lors, Tristan Bernard devient une personnalité majeure du Tout-Paris théâtral, celui de la scène et celui des douces excentricités qui égayent les soirées de la Belle Époque (1900-1914), puis celles des Années folles (1925-1939). Mot d'esprit en bandoulière, œil aux aguets, Tristan court avec jubilation de première en générale.
En 1930, l'appel des affaires vient de nouveau chatouiller l'esprit de Tristan. Il se met en tête de diriger le théâtre Albert-Ier, une salle construite en 1911 dans le haut de la rue du Rocher, à Paris, et qui s'appelle aujourd'hui le théâtre Tristan-Bernard. Mais l'opération s'avère désastreuse du point de vue économique. Le public boude les spectacles proposés et l'auteur tiendra l'entreprise à bout de bras pendant cinq ans. Mais toujours avec un sens de l'humour aigu, puisque Tristan va lui-même surnommer cette salle le « Sahara Bernard ». Chacun appréciera à sa juste valeur ce double jeu de mots : d'une part, en référence au lieu chaque soir désert ; d'autre part, en hommage à la tragédienne Sarah Bernhardt (1844-1923), mais qui s'appelait en fait Rosine Bernard.

Moitié

Tandis qu'il prend le thé dans une famille de la bonne bourgeoisie parisienne, Tristan Bernard remarque une assiette qui contient quelques gâteaux et des babas au rhum soigneusement coupés en deux. Très connue pour sa pingrerie légendaire, la maîtresse de maison présente l'assiette à l'écrivain en le priant de se servir. Tristan feint l'hésitation, la main suspendue au-dessus de la modeste assiette. Puis il se décide poliment : « Merci, chère madame. Finalement, je crois bien que je vais me laisser tenter par un ba ! »

Publicité

Tristan Bernard n'attachait qu'une importance relative à sa tenue vestimentaire. Il portait des vestes et des pantalons froissés, voire d'une propreté douteuse. Chagriné de constater qu'un écrivain célèbre ne sache pas s'habiller avec goût, l'un de ses amis lui explique : « Regarde, je m'achète de superbes costumes. Et mon tailleur me fait toujours une grosse ristourne parce que je les entretiens correctement. Il considère que c'est pour lui une forme de publicité ! » Agacé par ce dandy qui veut le convertir au raffinement en lui faisant miroiter une réduction sur le montant de la facture, Tristan réplique : « Moi aussi, mon tailleur me fait un rabais pour mes costumes... À condition que je ne dévoile son adresse à personne ! »

“

Tristan Bernard a aussi dit :

J'aime mieux être de ces écrivains dont on se demande pourquoi ils ne sont pas de l'Académie, qu'un de ceux dont on se demande pourquoi ils en sont.

L'au-delà ? Je n'ai pas d'opinion là-dessus, m'étant plutôt spécialisé dans l'en deçà.

Il faut mettre de l'argent de côté pour en avoir devant soi.

Académicien français : le commun des immortels.

Beaucoup de divorces sont nés d'un malentendu. Beaucoup de mariages aussi.

Mon frère est masseur à Passy
Et masseuse à Bercy ma tante Félicie
Et comme à leurs travaux je m'associe
Je masse aussi.

La vraie paresse, c'est de se lever à six heures du matin pour avoir plus de temps à ne rien faire.

Sarah Bernhardt

(1844-1923)
Comédienne

Misérables !

Rosine Bernard, dite Sarah Bernhardt (1844-1923) et surnommée la « Divine », fut l'une des plus illustres comédiennes de son temps. Élevée dans un couvent, elle fait ses débuts à la Comédie-Française dans *Iphigénie* de Racine, mais sera révoquée un an plus tard pour avoir giflé l'une de ses consœurs.
Après un passage par l'Odéon, son triomphe dans *Ruy Blas*, de Victor Hugo, lui vaut d'être rappelée à la Comédie-Française (1872) qu'elle quitte en 1880 pour partir en tournée avec sa propre compagnie : Europe, États-Unis, Russie, Australie, Nouvelle-Zélande, Amérique du Sud.
Amputée de la jambe droite en 1915, elle refuse de quitter la scène et joue notamment pour les soldats sur le front de la Première Guerre mondiale. Puis elle se rend de nouveau outre-Atlantique. Là, au cours d'une soirée, elle déclame des passages de *La Légende des siècles* devant un parterre d'Américains. Mais elle reçoit un accueil mitigé. Habituée aux ovations et profondément vexée par cette attitude inaccoutumée du public, Sarah Bernhardt abrège le spectacle. Furieuse, elle lâche à l'assemblée médusée : « L'auteur était Victor Hugo, l'interprète était Sarah Bernhardt. Et vous, vous êtes *Les Misérables.* »

George Bush

(1924-...)

Président des États-Unis (1989-1993)

Forage

George Bush (père) fut le vice-président de Ronald Reagan pendant les deux mandats de l'ex-acteur de cinéma (1981-1989), puis il remporta les élections dans la foulée (face à son concurrent démocrate Michael Dukakis) pour devenir le quarante et unième président américain (1989-1993).

En une douzaine d'années passées au sommet de l'État, George Bush Sr. a régalé les observateurs de la vie politique de ses multiples bourdes. Mais selon ses détracteurs, les gaffes en question ne devaient rien au sens de l'humour. Elles n'étaient que le fruit d'une intelligence limitée. Une plaisanterie obtient alors un fulgurant succès : comment Bush a-t-il pu rester pendant un an (1976-1977) directeur de la CIA, la Central *Intelligence* Agency ?

De son côté, le très populaire agitateur d'idées Jim Hightower, journaliste et écrivain à succès (il pourfend sans relâche les excès du capitalisme et de la mondialisation), avança cette terrible boutade à la veille de l'élection de 1989 : « Si la bêtise grimpe à quarante dollars le baril, je demande les droits de forage sur le crâne de George Bush ! »

George W. Bush

(1946-...)

Président des États-Unis (2001-2009)

Star

Opposé au candidat démocrate Al Gore, George W. Bush l'emporte au terme d'un feuilleton judiciaire qui débouche sur un décompte manuel des voix en Floride puis se prolonge par une contestation des républicains devant la Cour suprême. Finalement, Al Gore jette l'éponge et retourne à ses chères études écologiques. Et le fils Bush est désigné (par cinq juges contre quatre) quarante-troisième président des États-Unis.

Pendant la rude campagne de l'automne 2000, George W. Bush fait face à de multiples attaques. Sur un plateau de télévision, un journaliste lui reproche d'avoir utilisé un message subliminal. Dans l'un des spots publicitaires du candidat républicain dénigrant les démocrates et Al Gore, le mot « salauds » (en anglais *rats*) serait apparu plusieurs fois en lettres géantes, sans que l'œil puisse distinguer ce mot à la vitesse normale de diffusion, mais de façon à ce que ce terme imprègne l'inconscient de téléspectateur (le principe même des messages dits « subliminaux »).

George W. réfute avec véhémence cette accusation. Mais dans la même émission, il doit aussi écarter la rumeur persistante qui le présente comme un dangereux dyslexique, incapable d'occuper la Maison-Blanche. Le magazine *The Economist* fera alors ce commentaire : « M. Bush affirme ne pas avoir vu le mot incriminé quand il a visionné la publicité. Peut-être a-t-il lu le mot *star.* » Entre *rats* et *star* un dyslexique peut se tromper !

Géographie

Quelques jours après l'élection de l'an 2000, l'Amérique retient son souffle. Elle attend toujours le nom de son nouveau président. Pour certains observateurs, le suspense devient insoutenable, tandis que d'autres commentateurs s'adonnent aux analyses les plus fumeuses.

Fort heureusement, quelques journalistes savent conserver un sens de l'humour affûté et du politiquement incorrect. Ainsi, dans *The New Yorker,* Paul Slansky met l'accent sur les carences culturelles notoires du futur président : « George W. a gagné les trois plus gros États. Je serais émerveillé qu'il sache citer le nom d'un seul. »

Dents blanches

À l'issue d'une rencontre entre Tony Blair et George W. Bush, un journaliste demande au président américain de préciser s'il a des points communs avec le Premier ministre britannique. « Oui, répond-il immédiatement, nous utilisons tous les deux du dentifrice Colgate. »

Prions

L'administration Bush a toujours fonctionné sur la base d'un profond enracinement religieux. David Frum, journaliste et écrivain, auteur des discours de George W. entre 2000 et 2002, explique que la première remarque qu'il entend dans la bouche de son patron en arrivant à la Maison-Blanche fut : « Ne manquez jamais une occasion d'étudier la Bible. » Toujours selon David Frum, auteur de la célèbre expression l'« axe du mal » dans le discours sur l'état de l'Union en 2002, « l'évangélisation reste le credo prédominant de George W. ». Et de rappeler que chaque réunion de travail avec les membres de son cabinet commence par une prière. Dans le magazine *The Economist* (16 janvier 2003), David Frum insiste sur le fait que la confiance de Bush découle d'une inébranlable croyance : « Pour lui, le futur est entre des mains autrement plus puissantes que les nôtres. »

CQFD

Quelques mois après son entrée à la Maison-Blanche, George W. se rend au Gridiron Club, une association de journalistes fondée en 1885. Fréquenté par des hommes politiques de tous horizons, le dîner annuel du Gridiron Club a lieu le deuxième samedi du mois de mars dans une ambiance festive placée sous le signe de l'humour. Les invités assistent ainsi à des parodies qui mettent en scène l'actualité du moment. Journalistes et hommes politiques se prêtent à ce jeu souvent sarcastique dans lequel l'autodérision reste la règle de base.

La coutume veut que le président des États-Unis se rende à cette manifestation et qu'il y prononce quelques mots. En mars 2001, George W. a été un peu secoué par la presse d'opposition. Humoristes et caricaturistes s'en donnent à cœur joie pour insister sur le manque d'éloquence du président et sur sa propension à tout déléguer au vice-président, Dick Cheney.

Ce soir-là, Bush fait un tabac : « À tous ceux qui prétendent que je suis stupide, paresseux, bafouilleur et, pire que tout, que je suis une marionnette entre les mains de Dick Cheney... à tous ceux qui disent cela... » Bush s'interrompt et cherche Cheney du regard. « À tous ceux qui disent cela, je dis... » Nouveau silence. « Dick, qu'est-ce que je leur dis ? »

C

Charlie Chaplin

(1889-1977)
Acteur et cinéaste américain
d'origine britannique

Modestie

Chapeau melon, petite moustache, grandes chaussures, pantalon en accordéon, démarche de canard ponctuée de sa badine nerveuse, Charlot connut une immense popularité à travers le monde. Mais jamais la très conformiste Academy of Motion Picture Arts and Sciences ne récompensa cet indomptable rebelle toujours prompt à dénoncer l'hypocrisie, la misère, l'injustice et la violence des terribles années trente. Chaplin ne reçut pas le moindre oscar, même s'il fut nommé à deux reprises, pour *Le Dictateur* (1941) et pour *Monsieur Verdoux* (1948).
En 1972, Charlot ne tourne plus depuis sept ans, mais l'Academy décide enfin de réparer ses bourdes et elle remet un oscar d'honneur au plus célèbre

vagabond de l'histoire du cinéma muet. Pour célébrer au mieux cet hommage tardif, les organisateurs font décorer la salle en noir et blanc et ils suggèrent aux invités de s'habiller dans les mêmes couleurs.
Le soir de la cérémonie, Chaplin reçoit une formidable *standing ovation* qui dure plusieurs minutes. Puis il s'avance vers le micro et dit : « Les mots sont si futiles, si faibles. » Il coiffe alors son célèbre chapeau usé, se courbe poliment et quitte lentement la scène.

Différence
En 1931, Charlie Chaplin convie Albert Einstein à assister à la première de l'un de ses chefs-d'œuvre, *Les Lumières de la ville.* Le physicien s'installera aux États-Unis deux ans plus tard, mais ses travaux sur la détermination des dimensions moléculaires, sur le concept du photon et de la mécanique ondulatoire et ses théories de la relativité lui valent déjà une exceptionnelle notoriété internationale.
Ce voyage confirme cette énorme popularité et, le soir de la projection, Chaplin et Einstein sont applaudis à tout rompre pendant de longues minutes. Alors, Charlot se penche vers son ami : « Ils m'applaudissent parce qu'ils comprennent tout ce que je dis ; et ils vous applaudissent parce qu'ils ne comprennent pas ce que vous dites ! »

Noyade

Tandis qu'il rend visite à Mary Pickford et Douglas Fairbanks (1893-1959), deux amis avec lesquels il fonda la société de production United Artists en 1919, le jeune premier du cinéma muet, assis sur le bord de la piscine avec ses hôtes, s'embrouille à n'en plus finir dans une conversation sur la religion. Le salmigondis ésotérique de Fairbanks agace Chaplin. Resté en retrait, il ne pipe mot. Quand, soudain, Charlot s'élance. Ventre à terre, il court alors vers la piscine comme un gamin et plonge tout habillé en hurlant : « Je suis athée, je suis athée... Si Dieu existe, qu'il vienne me sauver ! »
Passé le court instant de surprise, tous voient Chaplin boire la tasse et suffoquer, allant par trois fois au fond sans parvenir à regagner le bord. Fairbanks plonge alors à son tour. Et Mary Pickford court le long du bassin. Non pour encourager son mari, mais pour crier à pleins poumons : « Laisse donc cet athée se noyer ! Laisse donc ce mécréant se noyer ! Laisse-le, laisse-le... »

Prometteur

Le jeune Chaplin tombe très tôt dans le show-business. Il n'a pas encore dix ans que sa mère l'emmène déjà dans des cabarets où elle donne un modeste tour de chant. Mais un jour qu'elle souffre d'une extinction de voix, elle doit quitter la scène après un essai infructueux. Le jeune Charlie

s'aventure alors sur l'estrade et entonne sans aucune appréhension une chansonnette populaire. Attendri, le public lance des pièces.
Chaplin s'interrompt : « Excusez-moi, je ramasse les pièces et je termine après. ». Éclats de rires nourris dans la salle. Les premiers de millions d'autres que le futur Charlot déclenchera.

Le prince Charles

(1948-...)
Prince de Galles, membre
de la famille royale britannique

Droit devant
Fils aîné du prince Philippe de Grèce (duc d'Édimbourg) et d'Élisabeth II, reine du Royaume-Uni de Grande-Bretagne et d'Irlande, le prince Charles occupe la première place dans l'ordre de succession au trône. D'abord marié (1981) à Diana Spencer, le prince de Galles divorce (1996), puis épouse en secondes noces Camilla Parker-Bowles (2005).
Féru d'archéologie, aquarelliste à ses heures et fervent défenseur des causes écologiques, le prince Charles, dit-on, ne manque pas d'humour. Pour preuve ce mot d'esprit prononcé en 1973. La scène

se passe au cours d'une cérémonie mondaine, à Londres. On présente l'héritier de la Couronne à la célèbre actrice anglaise Susan Hampshire, épouse du réalisateur français Pierre Granier-Deferre de 1967 à 1974. La comédienne, alors âgée de trente-six ans, porte une robe moulante extrêmement courte et très suggestive. Le prince Charles la salue : « Mon père m'a toujours dit de regarder droit dans les yeux une femme portant une jupe aussi courte que la vôtre. »

Cage

Surnommée Lady Di, la très populaire Diana Spencer (1961-1997) épouse le prince Charles en 1981. Ils divorcent en 1996. Un an plus tard, la jeune femme trouve la mort dans un accident de voiture, à Paris. Au cours d'un voyage au Japon, la princesse de Galles bavarde avec un journaliste du *Financial Times.* Celui-ci constate que Lady Di connaît bien son austère quotidien économique. Surpris par l'attitude de Diana, le reporter s'étonne que son journal éveille un tel enthousiasme chez la jeune femme : « Si, si... J'adore le *Financial Times* ! Quand j'étais petite, je me souviens que nous en avions toujours un exemplaire à la maison. Et je m'en servais pour tapisser le fond de la cage de mes hamsters. »

Cadrage débordement

Bien que ne présentant que rarement des attitudes propres à engendrer la gaudriole, il arriva cependant à la mère du prince Charles, la reine Élisabeth II, de commettre quelques majestueuses gaffes. En 1960, très peu de temps après le mariage de sa sœur cadette Margaret avec le photographe Antony Armstrong-Jones, la reine s'approche d'un invité au cours d'une réception au château de Balmoral : « Quelle est donc votre profession ?, interroge la reine en feignant de porter un quelconque intérêt au jeune homme amusé.

– Je suis photographe, Majesté.

– Oh ! Quelle coïncidence. Figurez-vous que mon beau-frère est photographe...

– Eh bien, moi, figurez-vous que ma belle-sœur est reine d'Angleterre ! »

FRÉDÉRIC CHOPIN

(1810-1849)

Compositeur et pianiste polonais

Obscurité

Dès l'âge de sept ans, Chopin compose *Polonaise en sol mineur.* L'année suivante, il joue dans un salon de l'aristocratie de Varsovie. Et tandis qu'il poursuit ses études au conservatoire de la ville (1826-1829), ce prodigieux virtuose que l'on compare déjà à Mozart enchaîne la création de nombreux chefs-d'œuvre.

Très affecté par la répression sanglante de l'insurrection nationale polonaise conduite par le tsar de Russie, Chopin s'installe définitivement à Paris en 1830 et se lie d'amitié avec ses confrères Franz Liszt et Hector Berlioz, mais aussi avec le peintre Eugène Delacroix.
Un jour, Liszt et Chopin se retrouvent dans un salon parisien fréquenté par quelques aristocrates. Liszt demande alors à Chopin s'il accepterait de jouer dans le noir, comme il a coutume de le faire pour impressionner son auditoire. Frédéric accepte. On tire les rideaux et l'obscurité totale se fait, non sans que Franz prenne subrepticement la place de son ami. À la fin du morceau, l'auditoire applaudi à tout rompre... et se trouve tout ébaubi de constater que Liszt a remplacé Chopin devant le piano. Grand silence.
« Qu'en dites-vous ? demande alors Franz en se tournant vers son rival.
– Je dis ce que chacun pense ici. J'ai aussi cru entendre Chopin jouer, commente alors Frédéric.
– Vous voyez, Liszt peut devenir Chopin quand il le veut ! Mais Chopin pourrait-il être Liszt ? »

Barbu

Pour s'amuser, Chopin porta un temps la barbe. Mais d'un seul côté du visage. À ses interlocuteurs qui s'inquiétaient d'une telle fantaisie, Frédéric répondait invariablement : « Dans mon métier, cela n'a aucune importance. De toute façon, les spectateurs ne voient que la moitié de mon visage ! »

Récompense

Quand Chopin s'installe à Paris en 1830, ses talents reconnus de virtuose lui permettent d'entrer sans difficulté dans la vie mondaine de l'époque. Il devient le professeur le plus recherché de la brillante aristocratie parisienne, voire européenne. Mais ce succès ne va pas sans contrepartie. Notamment lorsque Chopin accepte une invitation à dîner. Très souvent, à l'issue du repas, le virtuose se sent piégé par l'insistance de ses hôtes lui désignant un piano qui lui tend miraculeusement les touches !
Un soir, l'une de ces maîtresses de maison fébriles précipite un peu le dîner et demande à tout son petit monde de rejoindre illico le salon, assurée que Chopin céderait une nouvelle fois. Alors, le compositeur se lève, demande son chapeau et prend poliment congé. En le raccompagnant, l'hôtesse perd son sang-froid et s'indigne de la conduite de Chopin. Elle insiste sur le fait qu'il a été convié à dîner. Et le compositeur de répondre : « Oh ! madame, j'ai mangé si peu. »

Repoussante

Chopin va vivre une étrange, mais profonde et longue relation (1837-1847) aux côtés de George Sand, très liée à Marie d'Agoult, la compagne de

son ami Franz Liszt. Sand parvient à soustraire Chopin à l'ambiance débilitante des salons parisiens et la noble atmosphère de la demeure de Nohant est propice au renouveau de sa création. Cependant, l'état de Chopin se dégrade malgré les soins « maternels » que lui prodigue George. Ce couple curieux se brouille en juillet 1847 à propos de ténébreuses affaires familiales que personne ne saura jamais élucider. Rentré à Paris et profondément touché par cette rupture, Chopin s'éteint en octobre 1849.
Frédéric n'a pas été séduit d'emblée par la dévorante George Sand. À l'issue de leur première entrevue, Frédéric confesse à l'un de ses amis : « Quelle bonne femme repoussante ! » Et d'ajouter : « D'ailleurs, est-ce vraiment une femme ? Je suis enclin à en douter. »

Ronde
Un soir paisible à Nohant, près de Châteauroux, dans la superbe demeure de George Sand, Chopin et l'écrivain conversent amicalement. Peut-être même tendrement. Puis, soudain, George remarque que son chien tourne en rond depuis un bon moment en essayant vainement d'attraper sa queue. Du moins la bête reste-t-elle le poil entre les dents dès qu'elle a furtivement saisi l'objet de sa quête tourbillonnante. Tous deux s'amusent du manège. George Sand avance : « Si j'avais votre talent, je

composerais une pièce de musique sur le jeu de ce pauvre chien. »
Le lendemain, au réveil, Chopin avait écrit une valse en *ré* bémol intitulée *Valse du petit chien.*

WINSTON CHURCHILL

(1874-1965)
Homme d'État britannique. Premier ministre (1940-1945, puis 1951-1955).
Prix Nobel de littérature (1953)

Espoir
Député dès 1900 et plusieurs fois ministre, Winston Churchill devient la figure emblématique de la détermination alliée pendant la Seconde Guerre mondiale. Ses cinq années de pouvoir à la tête d'un gouvernement de coalition sont inaugurées par sa célèbre exhortation lancée devant la Chambre des communes (13 mai 1940) : « Je n'ai à vous offrir que du sang, du travail, des larmes et de la sueur. »
Dès lors, Churchill acquiert un prestige international. Il mêle volontiers audace, bon sens et intuition à une faconde naturelle qui le porte au rang de légende vivante.
Rappelé aux affaires avec la victoire des conservateurs en 1951, Churchill continue d'entretenir sa popu-

larité en maniant l'humour avec un indéniable talent.
Lorsqu'il fait réaliser une photo à l'occasion de son quatre-vingtième anniversaire, Churchill pose devant l'objectif d'un jeune photographe intimidé. Les clichés s'enchaînent. Sentant proche la fin de la séance, le photographe ose :
« J'espère que je pourrai prendre la photo de votre centenaire.
– Pourquoi pas, jeune homme, vous m'avez l'air en pleine forme. »

Amertume
Chacun sait que Winston Churchill fut un grand amateur de cigares. Vers la fin de sa vie, un ami lui rend visite et déplore, désenchanté : « Quand on vieillit, on constate que l'amour, la richesse et la gloire ne valent pas un cigare. » Et Winston de remarquer, taciturne et nostalgique : « Le plus triste, c'est quand on se rend compte que le cigare lui-même ne vaut rien. »

Vide
Winston Churchill et Clement Atlee, le leader du parti travailliste, cultivaient une solide inimitié qu'ils agrémentaient volontiers de formules acerbes. Ainsi Churchill aimait-il à raconter cette blague : « Un jour, je vois un taxi vide qui arrive au 10, Downing Street. La porte s'ouvre… et Atlee sort. »

Ivre

Outre ses célèbres cigares (il en fumait une dizaine par jour), Churchill appréciait le whisky, le champagne et le brandy. D'aucuns disent qu'il consommait d'ailleurs ces alcools sans modération. Et nombre de personnalités invitées à Chartwell, dans sa magnifique propriété du Kent, constatèrent de visu que Winston avait un sens légendaire de l'hospitalité et des agapes bien arrosées. Dans un dîner mondain qu'il n'apprécie guère, et fort agacé par les niaiseries que débite son exubérante voisine, Churchill se console dans la dégustation du brandy. Puis il en vient à répliquer vertement aux propos de la jeune femme et la conversation s'envenime.

« Vous êtes laide, tranche-t-il soudain.

– Et vous, vous êtes ivre ! lui jette-t-elle à la figure.

– Certes, madame, mais moi, demain, cela ne se verra plus. »

Familial

Vers la fin du XIXe siècle, un député britannique traverse la campagne écossaise. Sa carriole fonce dans la tempête. Elle glisse dans un virage et se renverse sur le bas-côté. Embourbé jusqu'aux essieux, le député tente l'impossible pour se sortir de cette fâcheuse posture. En vain.

Survient alors un gamin d'une dizaine d'années qui mène des chevaux. Il propose d'aider notre homme dont les élégants vêtements sont désormais crottés jusqu'à la taille. Après de longues minutes d'efforts conjugués, ils remettent enfin la carriole sur le chemin. Le député remercie et propose au garçon une compensation matérielle. Mais il refuse poliment.

Une bonne cinquantaine d'années plus tard, Winston Churchill sort d'une pneumonie très agressive grâce à un traitement à base de pénicilline. Découvert en 1928 par Alexander Fleming (1881-1955), cet antibiotique fut introduit dans les thérapies en 1941.

Le brave adolescent qui avait secouru une carriole embourbée dans la campagne écossaise des environs de Darvel s'appelait Alexander Fleming. Et le député désemparé n'était autre que Randolph Churchill (1849-1895), le père de Winston.

Attentif

Convié à la Chambre des communes le 30 novembre 1959 pour célébrer son quatre-vingt-cinquième anniversaire, Churchill discute ici ou là avec des amis réunis par petits groupes. Cependant, même en de telles circonstances et malgré l'estime dont jouit toujours le héros de la Seconde Guerre mondiale, personne ne peut empêcher les langues de vipère de s'exprimer. Ainsi, quelques jeunes godelureaux désenchantés chuchotent dans le dos de Churchill en le regardant du coin de l'œil.

« Il paraît que le vieux devient gaga, susurre l'un d'eux.

– Et il paraîtrait même qu'il devient sourd », réplique alors Churchill sans se retourner.

Dandy

Winston Churchill s'habillait avec une élégance certaine qui le faisait parfois ressembler à un parfait dandy. Parfois, ce raffinement s'écartait toutefois de la pure tradition élaborée au XIXe siècle par les Brummell, lord Byron, Henry Seymour et autre Oscar Wilde. Aisance, charme et distinction naviguaient donc parfois aux confins d'un maniérisme ostentatoire qui ne rime pas forcément avec l'expression du plus évident bon goût.
Aux yeux de Charles de Gaulle, les coquets accoutrements de Churchill relevaient de la plus méprisable extravagance superfétatoire. Et il n'appréciait guère ces coupables écarts vestimentaires.
Un jour, lors de son exil à Londres aux débuts de la Seconde Guerre mondiale, le général voit arriver Churchill. Et tandis que celui-ci s'avance, de Gaulle lui lance, l'œil rieur :
« Mais c'est le carnaval de Londres !
– Vous ne voudriez quand même pas que tout le monde s'habille en Soldat inconnu », lui renvoie aussitôt le Premier ministre britannique.

Cinglant

Nous allons jouer ici dans la cour des grands : d'un côté Winston Churchill, de l'autre George Bernard

Shaw (1856-1950). Pamphlétaire indigné par toutes les injustices, le dramaturge irlandais fut l'un des membres les plus actifs de la Société fabienne, un groupe d'intellectuels socialistes dont il rédigea le manifeste en 1894.
Prix Nobel de littérature en 1925, George Bernard Shaw combat avec virulence le conformisme social des Britanniques et la vigueur de cette révolte n'a jamais plu à Churchill. De son côté, George Bernard Shaw n'éprouve aucune sympathie pour l'homme politique. À l'occasion de la première de *Sainte Jeanne* (1923), le dramaturge envoie cependant un carton d'invitation à Churchill. Par jeu. Un peu trop sûr de son estocade, l'écrivain écrit au dos du bristol : « Venez avec un ami. Si toutefois vous en avez un ! » Winston répond aussitôt : « Je suis absent de Londres le jour de votre première représentation. Je viendrai volontiers à la seconde... Si toutefois il y en a une. » Churchill avait réussi un bon mot, mais la pièce en question eut un énorme succès.

Sauveur

Après une longue traversée du désert, le général de Gaulle vient d'être élu (décembre 1958) le premier président de la Ve République par un collège de grands électeurs. Nous sommes au début de l'année 1959 et, dans la soirée, Winston Churchill mange un bol de soupe. Son majordome l'informe que le président français insiste pour lui parler. Churchill

regimbe. Mais son domestique le persuade de prendre la communication. Churchill va donc s'enfermer dans son bureau.
Quelques instants plus tard, il revient s'installer devant sa soupe froide en grommelant. « Foutu de Gaulle, il a l'impertinence de me dire que les Français le prennent pour la réincarnation de Jeanne d'Arc. Je l'ai un peu calmé en lui rappelant que nous l'avions brûlée ! »

Gendre
Peu de temps avant la Seconde Guerre mondiale, Churchill ne décolère pas que sa fille Sarah envisage d'épouser une sorte d'imprésario qui navigue dans le monde précaire du music-hall. Et les deux hommes entretiennent une inimitié impossible à canaliser. Quelque temps après le divorce de Sarah, en 1945, les hostilités prennent donc fin entre Churchill et son ex-gendre. Lors d'un cocktail, ce dernier veut amadouer Winston et faire encore une fois bonne figure.
« Qui avez-vous le plus admiré durant cette guerre ?
– Mussolini. Parce qu'il a eu le courage de faire fusiller son gendre. »
En 1944, Mussolini fit en effet exécuter son gendre (Galeazzo Ciano), accusé de trahison.

Peintre
Churchill ne manquait pas de talents. Certes, la littérature restait son art favori (prix Nobel en 1953),

mais il pratiquait aussi la peinture avec un certain don. En amateur éclairé, conscient de ses limites. Un jour, un admirateur demande à Churchill pourquoi il ne peint que des paysages et jamais de portraits. Réponse limpide : « Vous avez déjà entendu un arbre disserter à propos d'une hypothétique ressemblance ? »

Absent

Tandis qu'il cherche une idée pour échapper à son dernier rendez-vous de la journée, un diplomate guindé qui se perd fatalement dans d'interminables circonlocutions, Winston Churchill invente un stratagème dont il usera et abusera.
Convoquant son majordome, il lui explique alors la situation et ordonne : « Vous dites que je suis sorti. Et pour faire plus vrai, vous ouvrez la porte en fumant l'un de mes meilleurs cigares. »

“

Winston Churchill a aussi dit :

Parfois, les hommes trébuchent sur la vérité. Mais la plupart d'entre eux se relèvent et s'enfuient comme si de rien n'était.

Nous ne sommes rien que des vers, de misérables vers de terre. Mais moi, j'ai toujours eu l'intention de devenir un ver luisant.

Faire de notre mieux ne suffit pas ; parfois, nous devons faire ce qui est nécessaire.

Le défaut du capitalisme, c'est qu'il répartit inégalement la richesse. La qualité du socialisme, c'est qu'il répartit également la misère.

En Angleterre, tout est permis sauf ce qui est interdit. En Allemagne, tout est interdit sauf ce qui est permis. En France, tout est permis même ce qui est interdit. En URSS, tout est interdit même ce qui est permis.

Un fanatique est quelqu'un qui ne veut pas changer d'avis et qui ne veut pas changer de sujet.

Le succès relève d'une curieuse aptitude qui consiste à aller d'échec en échec sans perte d'enthousiasme.

BILL CLINTON

(1946-...)

Président des États-Unis (1992- 2000)

Le grand déballage

William Jefferson (dit Bill) Clinton s'engage du côté des démocrates dès la seconde moitié des années soixante-dix. Gouverneur de l'Arkansas (1978-1980 et 1980-1992), il bat George Bush père (alors locataire de la Maison-Blanche) aux élections présidentielles de 1992. Réélu en 1996, Clinton sera ainsi le premier président démocrate à accomplir un second mandat consécutif depuis Franklin Delano Roosevelt (1882-1945). Mais une affaire d'ordre privé a bien failli abréger ce second mandat.

Tout commence en mai 1994, lorsqu'une employée de l'État de l'Arkansas, Paula Jones, poursuit Bill Clinton pour harcèlement sexuel, faits qui remontent à 1991. En 1997, les avocats de Paula Jones citent à comparaître Monica Lewinsky, une jeune femme de vingt-cinq ans, stagiaire à la Maison-Blanche depuis l'été 1995. Tout s'emballe dès le début de l'année 1998. Une rumeur insistante se répand : Monica aurait eu des relations sexuelles avec le président démocrate. S'ensuit un véritable imbroglio médiatico-politique qui tient en haleine le monde entier.

Pour résumer, le procureur Kenneth Starr, bien décidé à faire chuter Bill Clinton, lance une vaste offensive. Le 12 janvier 1998, on apprend que son « amie » Linda Tripp a enregistré une conversation dans laquelle Monica raconte sa liaison avec Bill Clinton. Interrogé à son tour sous serment le 17 janvier, le président nie toute liaison avec la jeune femme. Et il scande à la télévision le 26 janvier : « Je n'ai jamais eu de relations sexuelles avec cette femme, Mlle Lewinsky. » En référence au célèbre scandale du *Watergate* (la pose de micros par les républicains dans les locaux du parti démocrate pendant la campagne de 1972), l'affaire Lewinsky devient le *Monicagate*. Et, tout comme Richard Nixon

(1913-1994) dut renoncer au début de son second mandat (1974), beaucoup voient déjà Clinton bientôt contraint de se retirer. Mais à la fin de janvier 1998, le président atteint des sommets historiques de satisfaction : 68 % d'Américains approuvent sa politique. Et la pantalonnade se poursuit pour le plus grand bonheur des humoristes du monde entier.
Le 2 avril, le juge rejette la plainte de Paula Jones pour harcèlement sexuel. Le 6 août, après avoir négocié son immunité judiciaire en échange de son témoignage, le grand déballage reprend. Devant le Grand Jury, Monica reconnaît avoir eu une douzaine de « contacts sexuels » avec le président. Le 17 août, trois heures après son témoignage devant le Grand Jury, Clinton annonce avoir eu des « relations inconvenantes » avec Monica. Et il fait amende honorable urbi et orbi. Pour résumer une nouvelle fois : une fellation (« contact sexuel » ou « relation inconvenante ») n'entre pas dans la catégorie des actes ou relations sexuelles. Le monde entier se gondole et Kenneth Starr ne tient plus en place !
Cependant, les dénégations de Bill Clinton alors qu'il a témoigné sous serment permettent au Congrès d'entamer une procédure de destitution *(impeachment)*.
La troisième dans l'histoire du pays, après Andrew Johnson (1868) et Richard Nixon (1974). Johnson ne fut pas destitué. Nixon démissionna avant de comparaître. Et Clinton sera acquitté en février 1999. Il reste président.

Virginité

Vers la fin du mois de janvier 1998, au plus fort de la campagne anti-Clinton, lorsque le président s'empêtre dans des explications alambiquées et affirme à la télévision qu'il n'a pas eu de « relations sexuelles » avec Monica, tous les médias se déchaînent. L'affaire amuse ou scandalise, mais chacun donne son avis. Les audiences radiotélévisées atteignent des sommets et les reporters guettent la moindre rumeur ou la prétendue révélation.
Mais le président comprend assez vite qu'il ne peut pas s'obstiner à maintenir une position rigide. Son orgueil dût-il en souffrir ! Aussi s'aventure-t-il sur le terrain miné de la sémantique. « Qu'est-ce qu'une relation sexuelle ? Tout dépend de votre définition de la chose », assure-t-il sans grande conviction. Ce ballon d'essai ne fit long feu. Par exemple, on voit apparaître sur les écrans d'une chaîne câblée une serveuse de l'Illinois qui lance : « En écoutant ses explications, en fait, je viens d'apprendre que je suis vierge. »

Insatiable

Peu après son départ de la Maison-Blanche, Bill Clinton entreprend des tournées de conférences. En mai 2001, il se rend en Norvège. Le *London Sunday Times* de l'époque rapporte que l'ancien président des États-Unis est chaleureusement reçu à Oslo. À son arrivée, une charmante hôtesse de dix-neuf ans lui

remet une tulipe. Toujours égal à sa réputation, Bill regarde fiévreusement la jeune fille, la tire vers lui et l'embrasse sans retenue en disant : « Vous êtes trop belle pour n'obtenir qu'une simple étreinte ! »
L'une des responsables du service de presse de Bill Clinton, Dee Dee Myers, n'a d'ailleurs jamais nié les talents de séducteur de son patron. Au cours d'un débat dans un collège de Montgomery (Alabama), Dee Dee Myers affirme sans ambage : « Oui, Bill Clinton est un vrai dragueur. Cet homme séduit tout ce qui bouge ! Il drague les hommes. Il drague les femmes. Il drague même les animaux domestiques. »

Orateur
Fin spécialiste de toutes les formes possibles d'oralité, Bill Clinton a toujours été considéré comme un redoutable tribun. En 1988, lors de la Convention nationale des démocrates, Clinton avait la lourde tâche politique de présenter au public le candidat du parti, Michael Dukakis. Ce dernier sera d'ailleurs battu par George Bush père, mais Clinton prendra une revanche en 1992.
Quoi qu'il en soit, Bill parle, s'enflamme, scande. Bref, il fait son show et dépasse très largement le temps qui lui a été alloué. Et, aussi brillante soit-elle, sa verve commence à agacer un peu l'auditoire. Enfin Clinton lance avec un geste ample : « En

conclusion… » Il n'ira pas plus loin. Car tous les délégués se lèvent comme un seul homme et applaudissent à tout rompre. Ce sera sa première *standing ovation*.

Édition

Bill Clinton reçut dix millions de dollars pour écrire sa biographie. Il battait ainsi le record du pape, Jean-Paul II, qui n'avait empoché « que » huit millions et demi de dollars.

Cet événement fut joliment salué par la formule talentueuse d'un humoriste américain : « Le pape a consacré sa vie aux dix commandements, il touche huit millions et demi de dollars. Clinton n'a jamais respecté aucun d'entre eux, il en touche dix ! »

Retour à l'envoyeur

Dans le courant de l'année 1999, le père de Monica Lewinsky, un radiologue en vue de Beverly Hills, dans les luxueux faubourgs de Los Angeles, reçoit un courrier des démocrates. Rien d'exceptionnel à cette démarche puisque le médecin soutient financièrement, et depuis de longues années, le parti de Bill Clinton.

Dans une publicité, fort bien troussée au demeurant, le parti démocrate fait la manche. Il pleure auprès de ses généreux donateurs pour qu'ils crachent au bassinet. Lettre obséquieuse à l'appui avec photo de Bill et Hillary en prime, le message dit : « Merci de votre soutien tout au long de l'année dernière. »

Victime de ce mailing de mauvais goût (le *Monicagate* date d'à peine un an), le Dr Lewinsky fulmine. Il retourne aussi sec le courrier : « Vous êtes vraiment de fieffés crétins pour m'envoyer une lettre pareille. »

CAMILLE COROT
(1796-1875)
Peintre français

Copie
Considéré comme le plus grand paysagiste français du XIXe siècle, Corot a aussi réalisé de nombreux portraits et nus féminins. L'artiste connaît la consécration à partir de 1855. Et ce succès tardif lui vaut d'avoir établi un véritable record : il reste le peintre le plus copié à travers le monde. De surcroît, des historiens de l'art affirment qu'il acceptait de signer de sa main (et de son nom !) des pastiches. Par pure générosité.
Une boutade circule donc toujours chez les collectionneurs : « Corot a peint deux mille toiles... dont dix mille se trouvent aux États-Unis ! »

Oliver Cromwell
(1599-1658)
Homme d'État britannique

Chacun chez soi

La guerre civile d'Angleterre (*Civil War* ou *Puritan Revolution*) se déroule de 1642 à 1649. Elle oppose les partisans anglicans du roi Charles Ier à ceux du Parlement, des bourgeois puritains. À l'époque, le puritanisme désigne un mouvement qui s'oppose à la réforme de l'Église anglicane qui souhaite trouver un compromis entre le catholicisme romain et les idées des réformateurs protestants.

Membre du Parlement et puritain convaincu, Oliver Cromwell conduit ses troupes à la victoire et écrase l'armée de Charles Ier. La défaite et l'exécution du roi (30 janvier 1649) laissent Cromwell seul maître de l'Angleterre. La République est aussitôt instaurée, puis Cromwell devient lord-protecteur d'Angleterre, d'Écosse et d'Irlande de 1653 à 1658.

Aussitôt la République proclamée, le pouvoir frappe de nouvelles pièces de monnaie. Sur une face, on peut lire : « Dieu est avec nous. » Sur l'autre : « La République d'Angleterre. »

Avec un flegme de bon aloi, un aristocrate anglais farouchement royaliste découvre cette pièce et commente ironiquement : « Tout à fait juste, Dieu et la République ne sont pas du même bord. »

Éducation
Célèbre portraitiste britannique de son temps, théoricien de l'art pictural et immense collectionneur d'œuvres de ses collègues, Jonathan Richardson (1665-1745) organise une exposition consacrée aux souverains britanniques. Il accompagne l'une de ses ferventes admiratrices qui exige ici ou là des commentaires argumentés sur la composition du tableau, l'expression du modèle ou le choix des couleurs. Subitement, l'élégante suffoque et simule une syncope avant de s'écrier : « Grand Dieu, que fait ici cet usurpateur ? » Figée face au portrait d'Oliver Cromwell qui trône entre Charles Ier et Charles II, la dame retrouve toute sa verve : « Mais enfin, monsieur, ce personnage n'est pas un roi ! » Acerbe, Richardson lance : « Certes, mais il est bon que les rois l'aient parmi eux... comme aide-mémoire ! »

Marie Curie

(1867-1934)

Physicienne française d'origine polonaise.
Prix Nobel de physique (1903) et de chimie (1911)

Exemplaire
Les noms de Pierre et Marie Curie restent attachés à la découverte de la radioactivité (propriété que

certains éléments ont de se transformer spontanément en un autre élément par désintégration du noyau atomique). Née Sklodowska, à Varsovie, Marie sera la première femme à obtenir le prix Nobel. Et elle le décrochera même à deux reprises : Nobel de physique en 1903, prix partagé avec son mari et avec Henri Becquerel (1852-1908), puis prix Nobel de chimie en 1911. Marie Curie sera aussi la première femme à occuper le poste de professeur de physique générale à la Sorbonne.

En 1904, Pierre Curie est nommé professeur de physique générale à la Sorbonne. Il meurt le 19 avril 1906, renversé par un camion, près du Pont-Neuf, à Paris. L'administration du prestigieux établissement propose alors à Marie d'occuper la chaire de son défunt mari. Elle accepte. Le jour de son premier cours, les étudiants se pressent dans l'amphithéâtre. Il y a là tous les hauts responsables de la Sorbonne et de nombreux hommes politiques. Sans oublier une sténographe prête à enregistrer le discours inaugural du prix Nobel.

Marie arrive. Simple, discrète et intimidée. Une prodigieuse ovation s'élève de la salle. Elle attend que l'hommage s'apaise. Puis, dans un silence de plomb, Marie ouvre un cahier et commence son cours. À l'endroit précis où Pierre l'a laissé quelques semaines auparavant.

Décoration
Après la mort de Pierre Curie, Marie se focalise sur la découverte des éléments radioactifs et sur l'étude de leurs propriétés, notamment dans le domaine thérapeutique. En dépit de la reconnaissance scientifique internationale qui consacre ses travaux par un second prix Nobel de chimie (1911), de nombreux obstacles se dressent sur sa route. Elle doit mener un combat courageux contre le sectarisme et la maladie. Une anémie l'emporte le 4 juillet 1934, suite logique d'une trop longue exposition aux rayonnements. En 1955, les cendres de Marie et Pierre Curie seront transférées au Panthéon. Après la mort de Marie, sa fille Irène partagera à son tour le prix Nobel de chimie (1935) avec son mari, Frédéric Joliot.
Pierre et Marie Curie resteront à tout jamais un couple exemplaire. Dans l'anonymat comme au sommet de leur gloire, les Curie ont surmonté toutes les épreuves avec une ardeur indicible. Désintéressé, simple, rigoureux, travailleur et discret, le couple était imperméable aux sollicitations mondaines et aux honneurs.
Et tandis qu'ils travaillent, malgré leur Nobel, dans des conditions matérielles déplorables, le gouvernement français leur demande quelle décoration ils aimeraient recevoir. Pour une fois, Marie s'emporte. Et dans une saine colère elle répond : « Je n'éprouve pas la moindre nécessité de recevoir une décoration. En revanche, j'ai le besoin urgent d'un laboratoire. »

Médaille

En novembre 1903, une lettre annonce à Pierre et Marie Curie que la prestigieuse Royal Society souhaite leur remettre la *Davy Medal*, la plus haute distinction de la plus ancienne société scientifique du Royaume-Uni (1660).

Marie se dit alors malade. En réalité, elle préfère rester dans son laboratoire plutôt que d'affronter une escouade de pingouins obséquieux. Pierre se dévoue. Il se rend seul à la cérémonie et revient avec la fameuse et lourde médaille d'or de l'institution. Il lui cherche en vain une place dans l'appartement, puis la délaisse négligemment sur une table. Quelques jours plus tard, Pierre et Marie se rendent compte que leur fille Irène, alors âgée de six ans, s'amuse comme une petite folle avec cette somptueuse *Davy Medal*. Et aux amis qui s'étonnent ou s'offusquent, Marie répond : « Laissez-la donc jouer avec sa pièce de monnaie. »

Vie privée

Tandis que Pierre et Marie Curie ont réussi à prendre enfin quelques jours de repos en Bretagne au cours de l'été 1904, un journaliste américain retrouve la trace du couple récemment nobélisé. Une femme assez mal habillée et sans allure se tient assise sur les marches de la porte d'entrée. Le reporter se dirige vers elle sans hésiter et l'interpelle :

« Vous êtes la femme de ménage ?

– Oui.
– Votre patronne est-elle à l'intérieur ?
– Non. »
Rassuré, le reporter prend confiance, s'avance de deux ou trois pas, puis s'assied aux côtés de la jeune femme. Il s'aventure sur le ton du chuchotement confidentiel :
« Pouvez-vous me raconter quelques croustillantes histoires privées sur la vie du couple Curie ?
– Monsieur, ne vous intéressez pas aux gens et soyez plutôt curieux des idées. »
La femme se lève, tourne les talons et rentre dans la maison en claquant la porte. Il s'agit bien sûr de Marie Curie.

D

Claude Debussy

(1862-1918)

Compositeur français

Musique

Né à Saint-Germain-en-Laye (Yvelines) dans une famille modeste, Claude Debussy entre au Conservatoire de Paris à l'âge de dix ans. Présenté à la protectrice de Piotr Tchaïkovski, il entre à son service comme professeur de piano de ses enfants et la suit dans ses voyages en Europe et en Russie. Claude Debussy remporte le Grand Prix de Rome en 1884. Il se rend à Bayreuth (1888-1889) et assiste pour la première fois à une représentation des œuvres de Richard Wagner.

En 1894, il achève la partition de son poème symphonique, *Prélude à l'après-midi d'un faune* (d'après le poème de Stéphane Mallarmé). Puis il produit à Paris son œuvre majeure : *Pelléas et Mélisande* (1902). Ce drame lyrique en cinq actes et douze tableaux

dérange les tenants de la tradition académique. Au point qu'un étudiant du Conservatoire de musique de Paris est exclu parce qu'il possède sur lui la partition de l'œuvre !
De son côté, le compositeur et organiste Gabriel Fauré (1845-1924) déclare à propos de *Pelléas* : « Si ça, c'est de la musique, je n'ai jamais rien compris à la musique. »

Bassin
Chef-d'œuvre de l'impressionnisme français, *La Mer* (trois esquisses symphoniques composées de 1903 à 1905) est créé aux Concerts Lamoureux (Paris) le 15 octobre 1905. Après la production tumultueuse de *Pelléas et Mélisande*, le compositeur renoue ici avec l'esprit de ses *Nocturnes* (1897-1899). Cette œuvre, qui relève d'une polyphonie permanente, déchaîne à nouveau les passions. Au lendemain de la première, Louis Schneider, critique du quotidien *Gil Blas*, écrit : « Debussy ne nous donne pas ici l'impression de l'océan, mais plutôt celle d'un modeste bassin du Jardin des Tuileries. Les spectateurs semblent désappointés. Ils attendaient une mer déchaînée, grande, colossale, et on leur sert une eau qui s'agite dans un saucier. »
Les innovations harmoniques, rythmiques, syntaxiques et sonores présentes dans l'œuvre de Claude Debussy ont pourtant bouleversé le langage musical du XXe siècle et inspiré maints compositeurs.

Edgar Degas
(1834-1917)
Peintre français

Jockey

À partir de 1867, Degas découvre les estampes japonaises et s'initie à la photographie. Dès lors, il fréquente Manet, Monet et Renoir. En 1874, il présente avec ses amis des toiles à la première exposition impressionniste. Degas s'intéresse aux courses hippiques, au spectacle et se passionnera pour le monde de la danse. Trois univers qui vont largement l'inspirer. Vers la fin de sa vie, un jour qu'il assiste à une vente aux enchères, discrètement assis au fond de la salle, l'une de ses toiles atteint un prix record. Quelques minutes plus tard, le commissaire-priseur reconnaît l'artiste et se dirige vers lui avec un sourire radieux : « Maître, quel honneur ! Vous devez être comblé que les enchères aient atteint un tel niveau...

– J'éprouve plutôt ce que ressent le cheval vainqueur d'un grand prix quand on remet la coupe à son jockey ! »

Malice

Chacun sait que les artistes peintres de la période féconde de la fin du XIXe siècle aimaient à se taquiner. Le plus souvent pour le plaisir d'un bon mot, surtout lorsque la cible visée appartenait à la même école que l'auteur de la plaisanterie. Mais le sarcasme acide teinté d'une pointe de jalousie allait parfois bien au-delà de la joviale malignité confraternelle. Paul Cézanne (1839-1906) a rejoint Camille Pissarro (1830-1903) à Auvers-sur-Oise pour assimiler la technique impressionniste. Il s'en écartera plus tard, notamment pour élaborer des natures mortes et des portraits d'une grande originalité : abandonnant toute convention, il proposera ainsi dans un même tableau des objets présentés sous deux angles différents. Cézanne plante ici les premiers jalons du cubisme. Surpris par l'audace de ces compositions qui défient toutes les lois de la perspective, Edgar Degas s'amuse : « Cézanne ne peint plus des natures mortes, mais des natures ivres mortes ! »

Irascible

D'un naturel plutôt morose, Degas s'assombrit encore après la cinquantaine. Passage délicat pour lui dans la mesure où le peintre devient presque aveugle. Pourtant, dans son atelier de la rue Victor-Massé (Paris), il exécute à cette époque-là le meilleur de son œuvre, notamment d'admirables pastels. À partir de 1914, très affaibli, Degas ne peut plus travailler. Tout juste tente-t-il de modeler un peu de glaise de ses doigts rhumatisants. Et à son médecin qui lui conseille de se reposer et de se distraire, l'irascible artiste répond : « Et si ça m'ennuie, moi, de me distraire ! »

Charles Dickens
(1812-1870)
Écrivain anglais

Suspense

Auteur de romans populaires, Dickens se fait le peintre du Londres des débuts de l'ère industrielle. D'abord journaliste, il publie en 1833 dans *The Monthly Magazine* (sous le pseudonyme de Boz) des chroniques consacrées à la vie quotidienne dans la capitale britannique. Puis un éditeur lui commande une nouvelle série, publiée sous le titre *Sketches by Boz* (1836). Réussite éditoriale et financière immédiate. Dickens décide alors de transformer ses chroniques en un récit comique plus ambitieux : *Les Aventures de M. Pickwick*. Le succès ne le quittera plus. Mais on ne peut pas plaire à tout le monde. En 1858, un visionnaire qui tient rang de critique littéraire dans le *Saturday Review* s'insurge : « Nos enfants se demanderont ce que leurs ancêtres avaient bien pu vouloir dire en désignant Dickens comme leur romancier favori. » Aujourd'hui encore, Charles Dickens reste l'un des écrivains anglais les plus populaires à travers le mode.

Humilité

Journaliste et écrivain anticlérical à la plume vive et limpide, Edmond About (1828-1885) préside une cérémonie parisienne donnée en l'honneur de

Charles Dickens. Les éloges se succèdent dans une ambiance chaleureuse et conviviale. Et About se laisse un peu aller : « Je lève mon verre au plus grand romancier du siècle ! » Comblé, mais lucide et modeste, Charles Dickens corrige : « Merci. Merci pour Balzac ! »

René Duguay-Trouin

(1673-1736)
Corsaire français

Gloire
Fils d'un riche armateur-négociant de Saint-Malo, Duguay-Trouin commande son premier vaisseau corsaire à l'âge de dix-huit ans. Et il s'illustre aussitôt dans des attaques audacieuses contre des bâtiments hollandais et anglais. En 1696, il fait prisonnier l'amiral hollandais Wassenaër, puis entre dans la marine royale. Il devient capitaine de vaisseau, chef d'escadre puis lieutenant général (1728). Duguay-Trouin se distingue pendant la guerre de succession d'Espagne, mais son principal exploit fut la prise de Rio de Janeiro (1711).
On dit que Louis XIV aimait écouter de la bouche même de Duguay-Trouin (anobli en 1709) le récit exalté des prouesses maritimes du Malouin. À

l'époque, le contrôle des mers avait une importance stratégique fondamentale et les vaillants marins disposaient d'un prestige considérable dans l'entourage des souverains. Un jour, le Roi-Soleil se passionne pour la relation d'une bataille dans laquelle le bâtiment *Gloire* est impliqué. Galvanisé par l'attention de son auditoire, Duguay-Trouin s'enfièvre :
« J'ordonne donc à la *Gloire* de me suivre...
– Et elle vous fut fidèle », interrompt aimablement Louis XIV.

THOMAS EDISON

(1847-1931)

Inventeur américain

Surdité

Les inventions de Thomas Edison ont transformé de multiples aspects de la société du XIXe siècle. Car si ce génial inventeur n'a apporté que très peu de découvertes fondamentales aux connaissances scientifiques, en revanche, il fut le maître incontesté de la recherche appliquée.

Parmi le bon millier de brevets déposés, il faut retenir : le microphone à cartouche carbone, le phonographe, l'ampoule électrique à incandescence, la machine à ronéotyper, la batterie, le kinétoscope (première machine à produire des images animées par succession rapide de vues individuelles). En synchronisant son phonographe et son kinétoscope, Edison produira même le premier film sonore (1913). Dès 1862, Thomas avait fondé un hebdomadaire, *The*

Grand Trunk Herald, qu'il imprime dans un fourgon lui servant de laboratoire. Et il vendait lui-même ses journaux aux passagers du train reliant Port Huron à Detroit.
La légende raconte que le jeune Edison manque un jour rater ce train. Arrivé trop tard sur le quai, Thomas court comme un dératé après le dernier wagon. Un employé l'aperçoit et parvient finalement à le hisser à bord… en le tirant par les oreilles. Atteint très tôt de surdité, Edison prétendra (avec humour) que son handicap datait de ce « sauvetage » musclé. Il s'agissait en réalité des conséquences d'une maladie infantile mal diagnostiquée.

Rémunération
Après sa période de fondateur-rédacteur-vendeur du *The Grand Trunk Herald*, Edison entre à la Gold & Stock Co. Cette entreprise de télégraphie transmet à ses abonnés les cours de bourse du New York Stock Exchange. Edison améliore alors le système existant et la Western Union organise une démonstration très convaincante de cette machine promise au plus bel avenir commercial. Seulement voilà, Edison n'a encore jamais négocié le moindre contrat et n'a aucune idée de la somme qu'il peut demander. Il pense à cinq mille dollars, tergiverse et s'angoisse. Finalement, il demande à la Western Union de lui faire une proposition. L'entreprise lui offre… quarante mille dollars !

Voix

En 1877, Edison termine un phonographe qui enregistre mécaniquement le son sur un cylindre recouvert de papier métallisé (système qu'il va ensuite améliorer en utilisant un disque et un diamant). Un journaliste influent, Henry Morton Stanley, assiste à une démonstration dont il sort tout ébaubi. Enthousiasmé par cette découverte révolutionnaire, voire inimaginable (l'enregistrement et la restitution d'un son, d'une musique, d'une conversation), le journaliste demande :

« Monsieur Edison, quelle voix auriez-vous aimé entendre si votre machine avait vu le jour plus tôt ?

– Napoléon, répond sans hésiter Thomas. Et vous, Henry ?

– La voix de notre sauveur Jésus-Christ !

– Ne me lancez jamais de défi. Vous savez que je suis un battant. »

Père Noël

En 1916, Thomas Edison part en voyage à travers l'Amérique profonde en compagnie de ses trois plus proches amis. Il y a dans cette prestigieuse expédition de véritables pionniers qui ont contribué au développement de l'économie, de la culture et de l'industrie américaines du XIXe siècle. Peut-être veulent-ils retrouver dans ce périple aventureux ponctué de nuits sous la tente les frissons de leurs ancêtres.

La voiture s'arrête dans un village perdu pour prendre de l'essence. Le pompiste exécute sa besogne en silence. Descendu du véhicule, le conducteur se présente : « Je suis Harvey Firestone. » L'homme lui jette un regard ahuri et lance en ricanant :
« Et l'autre, là, c'est qui ?
– Thomas Edison.
– Edison ? Et à côté de lui ?
– Henry Ford », répond placidement Firestone.
Le pompiste ne peut alors retenir un joyeux fou rire. Au milieu des gloussements, il articule : « Et moi, je m'appelle Jefferson ! » Puis, il reprend son sérieux : « Et le dernier, là, devant, c'est le Père Noël ? »
L'homme en question s'appelait John Burroughs (1837-1921). Et il portait une longue et fine barbe blanche comme en attestent quelques rares photographies prises vers 1915. Naturaliste et essayiste à succès, Burroughs écrivit une trentaine de livres et des centaines d'articles sur la nature. Très populaire outre-Atlantique au tournant du XXe siècle, John Burroughs fut appelé *the Grand Old Man of Nature* (le Grand Sage de la Nature).
John Burroughs était donc très lié à Thomas Edison. Mais aussi à Henry Ford (1863-1947) et à Harvey Firestone (1868-1938). Le premier fonda la Ford Motor Company (1903) qui allait produire le célèbre *modèle T* vendu à quinze millions d'exemplaires entre 1908 et 1927. Quant à Harvey Firestone, il se lança

dès 1890 dans la fabrication de pneus en caoutchouc pour les carrioles et sut saisir le marché automobile naissant en s'alliant avec Henry Ford (1904). Edison, Ford, Firestone et Burroughs furent d'inséparables amis. Les rares photographies qui les représentent ensemble traduisent dans le regard pétillant de chacun une évidente complicité et la joie profonde du partage d'intenses moments.

Sortie

Edison aimait à répéter cette formule aujourd'hui galvaudée : « La réussite, c'est quatre-vingt-dix pour cent de transpiration et dix pour cent d'inspiration » (ou d'intuition ou de génie). Cet aphorisme s'appliquait à merveille à cet inventeur hors normes qui possédait un sens aigu de l'observation et de l'expérimentation. Aussi passait-il le plus clair de son temps dans son laboratoire et rarement dans les dîners, cocktails et autres mondanités.

Un soir, contraint de se rendre à une réception, il ne reste que quelques minutes, le temps de saluer deux ou trois personnes qui pourront témoigner de sa présence. Puis Thomas entreprend de s'éclipser. À la manière d'un clandestin, il sort en tapinois, gagne le couloir et se dirige à pas feutrés vers le jardin, les yeux figés sur la pointe de ses chaussures afin de ne croiser aucun regard susceptible de l'entraîner dans de fastidieuses conversations. Malheureusement, le maître des lieux se présente,

tout émoustillé de constater que le célèbre inventeur a accepté son invitation.
« - Quelle joie de vous rencontrer, monsieur Edison. Comme je suis heureux ! Sur quoi travaillez-vous en ce moment ?
- Sur ma sortie ! »

Critiques
L'invention de l'ampoule électrique à incandescence (1879) n'a pas recueilli d'emblée une adhésion franche et massive. Par exemple, les Anglais décident qu'une commission parlementaire sera chargée de mener une enquête afin d'étudier les retombées possibles d'une telle découverte. Verdict : « Une invention sympathique, tout juste bonne pour nos amis d'outre-Atlantique, mais sans aucun intérêt pratique ou scientifique. »
Le 16 janvier 1880, le *New York Times* se montre lui aussi fort sceptique à propos de l'ampoule à incandescence. Il estime que l'on en « n'entendra probablement plus jamais parler ». Et d'ajouter à propos de Thomas Edison : « Après avoir été testée, chaque découverte qu'il présente s'avère inexploitable. »

Romantisme
Thomas Edison était un expert du télégraphe et du code morse. On sait que l'ouïe d'Edison déclina très vite (voir « *Surdité* »). Et une légende raconte que l'inventeur demanda à sa fiancée d'apprendre

le morse pour leur permettre de mieux communiquer. Ainsi tenaient-ils de longues conversations en se tapotant sur le dessus de la main. Thomas aurait même fait sa demande en mariage en utilisant ce procédé. Et sa femme aurait utilisé le code morse pour « traduire » les pièces de théâtre auxquelles ils se rendaient, toujours en lui tapotant (trait-point) sur le dessus de la main. Ce qui l'obligeait à résumer le propos des acteurs (le code morse a ses limites). Par ailleurs, on sait aussi qu'Edison lisait couramment en braille. Bien qu'il n'ait jamais souffert d'aucune défaillance visuelle, Edison préférait utiliser ce type d'approche pour lire.

ALBERT EINSTEIN

(1879-1955)
Physicien américain d'origine allemande.
Prix Nobel de physique (1921)

Confirmation

Employé au bureau des brevets de Berne, Einstein dénoue seul, à l'âge de vingt-six ans, un véritable imbroglio dans lequel se débat la physique au tournant du XXe siècle. En 1905, il publie cinq articles révolutionnaires. Par exemple, au mois de mars,

l'un d'eux montre que la lumière, comme la matière, est constituée de « grains » (hypothèse des quanta de lumière). En juin, il bâtit la théorie de la relativité restreinte et y ajoute en septembre le plus célèbre post-scriptum de l'histoire de la physique : $E=mc^2$. En 1907, il travaille alors sur sa théorie de la relativité générale, dont il publie une synthèse générale en 1916.
En novembre 1919, Arthur Eddington annonce officiellement que l'analyse des résultats obtenus lors de son expédition du mois de mai à l'île Principe (au large des côtes de l'Afrique occidentale) confirme la théorie de la relativité générale. Les téléscripteurs du monde entier propagent la nouvelle et Einstein bascule, du jour au lendemain, dans une exceptionnelle notoriété. Pourtant, pas grand monde ne comprend ce qu'il a vraiment découvert ! La fulgurante célébrité de l'obscur professeur (il enseigne depuis 1914 à l'université de Berlin) ne se démentira plus : Einstein devient une légende vivante.
Selon la théorie de la relativité générale, la lumière ne traverse pas l'espace en ligne droite. Elle suit une trajectoire incurvée. Et Einstein avait calculé la courbure des rayons issus d'une étoile qui se trouve derrière le Soleil lorsque la lumière arrive au voisinage de celui-ci. Seule façon de vérifier : attendre une éclipse totale de Soleil et prendre des photographies. Ce qui fit donc avec succès Arthur Eddington en mai 1919.

Quand Einstein apprit par un télégramme d'Eddington qu'il venait, par l'observation, de confirmer sa théorie, le physicien aurait eu cette réponse qui, elle aussi, fit le tour du monde : « Cela ne m'étonne pas. Le contraire eût été dommage pour le Bon Dieu. »

Spontané

Dans les années quarante, un de ses jeunes collègues de Princeton présente à Einstein son fils, tout juste âgé de dix-huit mois. Le bébé le regarde fixement pendant quelques secondes, puis se met à hurler : « Tu es la seule personne depuis de longues années qui ose réellement dire ce qu'elle pense de moi », commente alors le physicien en caressant tendrement la chevelure du bambin.

Évident

Albert Einstein épouse sa seconde femme en 1919, sa cousine Elsa. Auparavant, il a été marié à Mileva Maric, rencontrée à l'École polytechnique de Zurich dont ils avaient été tous deux élèves de 1896 à 1900. Un jour, Elsa visite l'observatoire du mont Wilson, en Californie. À l'époque, il y a là le télescope le plus performant jamais construit au monde. Un astronome commente :

« Vous avez ici la technologie la plus complexe, une incroyable machinerie qui nous permet d'expliquer l'expansion et la structure de l'univers...

– Oh ! mon mari fait très facilement cela sur le dos d'une vieille enveloppe », coupe promptement Elsa. Et à ceux qui lui demandaient souvent si elle connaissait les lois de la relativité, Elsa répondait avec naturel : « Non. Absolument pas ! Mais je connais mon mari et je lui fais confiance. »

Examen

Entre 1910 et 1912, Albert Einstein enseigne à l'université Charles, à Prague. Un jour, un étudiant débarque dans son bureau :
« Mais, monsieur, les questions de l'examen sont les mêmes que celles de l'an dernier...
– Certes, jeune homme. Mais cette année, les bonnes réponses sont différentes ! »

Arithmétique

Face à la montée du nazisme, Albert Einstein s'installe aux États-Unis dès 1933. Il enseigne et poursuit ses travaux à l'université de Princeton à partir de 1935. Passionné de violon, il ne dédaigne pas consacrer un peu de son temps à jouer quelques sonates. Certains disaient tendrement : à les exécuter ! Mais Einstein insiste et le prodigieux pianiste Artur Rubinstein (1887-1982) partage assez souvent sa compagnie. L'un des plus grands virtuoses du temps servait de professeur au génial chercheur et ils tentaient de jouer ensemble de petits morceaux.
Un jour, excédé par les à-peu-près de son ami et,

surtout, par son incapacité à trouver le bon rythme, Artur Rubinstein lance au prix Nobel de physique : « Mais enfin Albert, vous ne savez donc pas compter ? »

Logique

Au cours de l'une de ses conférences qui attirent toujours une foule impressionnante à Washington, un auditeur attentif ose poser une question. Ce qui ne manque pas de courage dans la mesure où chacun sait qu'Einstein aime à répliquer avec une verve qui ne laisse pas toujours le curieux indemne.
Ce jour-là, après quelques déboires dans l'organisation et l'intendance de sa conférence, quelqu'un, donc, lui demande innocemment :
« Quelle différence faites-vous entre la théorie et la pratique ?
– La théorie, c'est quand on sait tout et que rien ne fonctionne. La pratique, c'est quand tout fonctionne et que personne ne sait pourquoi. Mais ici, la théorie se mêle à la pratique : rien ne fonctionne et personne ne sait pourquoi. »

Humilité

Tandis qu'Einstein assiste à une conférence en présence d'une assistance de scientifiques de renom, le conférencier lance fièrement : « Pour un astronome, l'homme n'est rien de plus qu'un point insignifiant dans l'univers infini. »
Albert, qui ne semble guère apprécier les rodo-

montades de son infatué confrère, lève le doigt et ajoute : « J'ai souvent ressenti cela. Mais j'ai alors réalisé que ce point insignifiant est aussi, parfois, un astronome. »

Erreurs

Voilà maintenant deux ans qu'Albert Einstein et Elsa vivent aux États-Unis. Comme prévu, le physicien s'installe alors à l'Institute for Advanced Study de Princeton (New Jersey), tout récemment créé. Dans les années trente, bon nombre de prestigieux réfugiés vont d'ailleurs s'y établir. Einstein vivra vingt-deux ans aux États-Unis, sans presque jamais quitter Princeton. Et il prendra la nationalité américaine en 1940.

Quand Albert se présente en 1935, le directeur de l'établissement lui demande, quelque peu intimidé :

« Monsieur, de quoi avez-vous besoin pour vos recherches ?

– Oh, un bureau, des feuilles et un crayon. Et surtout, une très grande corbeille pour y jeter tous mes calculs erronés. »

“

Albert Einstein a aussi dit :
Seulement deux choses sont infinies : l'univers et la bêtise humaine.

Je ne sais pas comment se déroulera la Troisième Guerre mondiale, mais je suis sûr que la Quatrième se fera avec des cailloux et des bâtons.

Si j'avais su, je serais devenu serrurier.

Je suis très fier de deux choses. D'une part, la découverte de la relativité générale. D'autre part, j'ai compris que l'on peut cuire un œuf dur en le plongeant dans une soupe bien chaude. Ce qui évite de salir une seconde casserole !

L'imagination est plus importante que la connaissance.

WILLIAM FAULKNER

(1897-1962)
Écrivain américain.
Prix Nobel de littérature (1949)

Salaire

Issu d'une famille aristocratique sudiste ruinée par la guerre de Sécession, William Faulkner refusait l'étiquette d'écrivain et se considérait comme un gentleman-farmer retiré dans sa propriété de Rowonoak à Oxford (Mississippi). Il publie en 1924, à compte d'auteur, un premier recueil de vers champêtres, *Le Faune de marbre*. Viennent ensuite *Monnaie de singe* (1926), puis *Le Bruit et la Fureur* (1929), les deux premiers romans d'une œuvre prolifique qui fera de Faulkner l'un des plus éminents représentants du modernisme littéraire américain des années trente. Faulkner se tourne un temps vers Hollywood. Il écrit des scénarios ou des adaptations pour le réalisateur Howard Hawks. On lui doit par exemple

Le Grand Sommeil (1946), film tiré du livre de Raymond Chandler. Mais aussi *Le Port de l'Angoisse* (1944), adapté du roman d'Ernest Hemingway, *En avoir ou pas* (1945), deux longs métrages servis par la présence de Humphrey Bogart et de Lauren Bacall.
À cette époque, Faulkner fréquente donc quelques acteurs de renom. Invité à une chasse en compagnie de Howard Hawks et Clark Gable, le comédien lui demande d'énumérer les meilleurs auteurs du moment. Faulkner se plie au petit jeu : « Ernest Hemingway, Willa Cather, Thomas Mann, John Dos Passos. » Après un très court silence, le gentleman-farmer-écrivain ajoute : « Et moi-même. » Malicieux et imprudent, Clark Gable se risque au dialogue sans scénario :
« Ah ! et vous gagnez donc votre vie en écrivant ?
– Oui monsieur. Et vous ? Vous faites quoi ? »

Nobel

Au début du mois de novembre 1949, les jurés suédois du prix Nobel de littérature se retrouvent dans l'impasse. Fait sans précédent dans l'histoire de l'illustre institution, aucune majorité ne permet de désigner le lauréat. La concurrence n'a jamais été aussi rude. En effet, difficile de choisir entre d'authentiques personnalités telles que Par Lagerkvist, François Mauriac, Winston Churchill ou Ernest Hemingway. D'ailleurs, tous recevront le prestigieux prix, respectivement en 1951, 1952, 1953 et 1954.

Finalement, le jury se décide. Le prix Nobel de littérature 1949 sera décerné à William Faulkner, le 10 décembre 1950. Bertrand Russell recevant celui de l'année 1950. Faulkner hésite, puis accepte le prix. Du moins, il ne le refuse pas, mais repousse l'invitation à se rendre à Stockholm pour assister à la cérémonie de remise des distinctions aux lauréats. Face à d'amicales pressions qui se conjuguent avec la lourde insistance de personnalités politiques et diplomatiques du moment, Faulkner cède et se rend en Suède.

Son entourage vit alors dans l'angoisse d'un esclandre. En effet, depuis déjà quelques années, l'auteur de *L'Intrus* (1948) ne carbure plus vraiment à l'eau claire. Et ce qui devait se produire arriva : un William Faulkner ivre marmonne, voire bredouille et bafouille un discours peu audible. S'ensuivent de faibles applaudissements de complaisance qui peinent à cacher des moues réprobatrices sur le visage des notables poudrés à frimas et déguisés en pingouins. Le lendemain, le texte intégral de la « calamiteuse » prestation de Faulkner paraît dans les journaux. Aujourd'hui encore, les spécialistes s'accordent sur un point : il s'agit du plus beau discours jamais écrit par un récipiendaire du Nobel de littérature.

Balayeur

Gestionnaire peu avisé, Faulkner manquait manifestement de la plus élémentaire méthode dans la conduite de son budget. Régulièrement, moult commerçants d'Oxford se plaignaient du peu d'empressement que mettait l'écrivain à payer ses dettes. Et même pour ses achats de consommation courante.

Excédé par le mutisme que Faulkner affiche à ses incessantes relances, l'épicier du village décide d'envoyer l'un de ses employés réclamer son dû. Le jeune homme tombe alors sur un ouvrier en salopette. Chapeau de paille vissé sur le chef, il balaye nonchalamment le chemin d'accès à la propriété de Rowonoak.

« Je cherche M. Faulkner. L'avez-vous vu ? »

Sans relever la tête et le regard concentré sur le va-et-vient de son laborieux outil de travail, le jardinier répond : « Jamais vu ! J'balaye tout le jour... Mais l'ai point vu. J'le vois jamais ! »

Faulkner utilisa souvent ce stratagème pour éloigner ses créanciers et pour gagner ainsi un peu de temps.

Viré

Avant de s'installer définitivement dans sa propriété d'Oxford (Mississippi) à partir de 1931 pour se consacrer à l'écriture, Faulkner trouve quelques petits boulots. Il est notamment receveur des postes (de quatrième classe !) à l'université de Mississippi. En résumé, son rôle consiste à assurer une sorte de permanence locale pour les étudiants et professeurs du lieu.

Mais Faulkner passe alors le plus clair de son temps à jouer aux cartes et à fréquenter les estaminets de la région. De surcroît, il lui arrive de jeter le courrier à la poubelle, ce qui lui évite d'avoir à le distribuer. Par ailleurs, Faulkner « emprunte » régulièrement les magazines pour les lire tranquillement avant de les restituer à leurs destinataires abonnés. Enfin, l'ampleur des plages horaires de la permanence postale fluctue allègrement d'un jour à l'autre, au gré des humeurs et des diverses occupations de ce postier occasionnel. Avant que Faulkner se fasse virer, le petit manège va cependant durer trois ans.

Star

En 1945, époque où Faulkner navigue dans les arcanes du cinéma (voir « Salaire »), l'écrivain rencontre son ami Stephen Longstreet. Le réalisateur prépare un film intitulé *Stallion Road.*

« Qui sera la vedette de ton film ? demande Faulkner.

– Un cheval.

– Ah bon ! Mais, je veux dire, quel acteur ?

– Ronald Reagan. »

Le film sort dans les salles en 1947. Et William Faulkner va donc voir ce mièvre mélo à l'eau de rose digne des plus médiocres films de série B (ce que les américains appellent ironiquement un *soap opera*). Dans ce western, Ronald Reagan, qui s'imagine interpréter le rôle de sa vie, y joue un vétérinaire... Aussitôt rentré chez lui, Faulkner écrit à Stephen

Longstreet : « J'ai vu *Stallion Road*. Tu avais raison, la star du film, c'est bien le cheval ! »

Marketing

Dans le roman *Sanctuaire* (1931), un étudiant se fait violer avec un épi de maïs par un gangster impuissant. Et on assiste à neuf meurtres tout au long d'un récit rythmé par des scènes de voyeurisme, d'inceste et de sadisme. Pour écrire *Sanctuaire,* Faulkner expliqua qu'il avait pioché dans les romans best-sellers des années 1928-1929. « J'ai soigneusement étudié ces livres dont le contenu reflétait ce que le public voulait. Et j'ai tout simplement décidé de lui donner un peu plus que ce qu'il avait déjà lu. »

Style

En 1940, fort d'une expérience romanesque d'une quinzaine d'années, William Faulkner déclare que le rôle de l'écrivain « consiste à arrêter le mouvement, à suspendre le temps et à le capturer en une phrase improbable dans laquelle l'expérience humaine se transforme en littérature ». Et d'ajouter qu'il cherche à tout emprisonner dans une phrase : « Pas seulement le présent, mais aussi le passé dont il dépend et qui se plaît, seconde après seconde, à rattraper le présent. » Tâche délicate qui conduit Faulkner à rédiger de longues phrases. Dans *The Bear* (1942), l'une de ces fameuses phrases contient mille huit cents mots.

Ainsi a-t-on opposé les deux monstres sacrés de la littérature américaine : d'un côté, Ernest Hemingway et son style lapidaire, incisif et minimaliste ; de l'autre, William Faulkner et sa prose en ellipses et longs développements subtils qui confinent dans certains cas à la narration tortueuse (voir « *Grands mots* », p. 146).

Georges Feydeau
(1862-1921)
Dramaturge français

Folie
Georges Feydeau abandonne très tôt ses études et se consacre au théâtre. Acteur, régisseur et critique dramatique, il connaît des débuts difficiles, puis rencontre un immense succès en renouvelant l'art du vaudeville : *Un fil à la patte* (1894), *La Dame de chez Maxim* (1899), *La Puce à l'oreille* (1907), etc.
En 1919, Georges commence à souffrir d'hallucinations. Il quitte alors le domicile conjugal pour s'installer dans un hôtel parisien, puis sombre dans une lourde démence due à la syphilis. Feydeau est interné dans une maison de santé à Rueil-Malmaison, où il mourra le 5 juin 1921.
Un jour que Guitry lui rend visite, un infirmier s'excuse :

« Ne faites pas attention à ce qu'il vous dira. M. Feydeau est fou. Il prétend bavarder avec les oiseaux.
– À ce compte-là, il faut enfermer tous les poètes », réplique Sacha.

Paresse

Le vaudevilliste Feydeau se prétendait paresseux. Affirmation qui tenait davantage de la coquetterie que de la réalité et qui puisait probablement ses racines dans les attitudes nonchalantes qu'aimait à se donner l'auteur. Georges résumait la situation d'une de ces formules dont il avait le secret : « Avec de la paresse et de l'entêtement, on est toujours sûr d'arriver à quelque chose ! »
Dans le même registre, le directeur du théâtre des Variétés de l'époque, Gustave Quinson, s'impatientait de n'avoir toujours pas reçu une pièce que lui avait promise le « paresseux » Feydeau. Un jour, il aperçoit l'auteur installé à une table de chez Maxim's. Entouré de fort jolies jeunes femmes, Georges ne s'ennuie manifestement pas. Ce qui agace prodigieusement Gustave Quinson. Le directeur des Variétés aimerait mieux le savoir derrière un bureau plutôt que de le voir minauder en plein après-midi. Courroucé, Gustave précipite son départ, paie sa note, s'approche de Feydeau et, avant de sortir, lui lance méchamment :
« Alors, Georges, et ma pièce ?
– Justement, tu vois, je prépare l'entracte ! »

Victoire

Invité dans un restaurant parisien à la mode, endroit réputé pour ses lourdes additions et son service médiocre, Feydeau appelle le maître d'hôtel. Puis il prend son air le plus outré :

« Jeune homme, ce homard n'a qu'une seule pince, c'est un véritable scandale !

– Désolé, maître, il a dû se battre.

– Alors, reprenez-le et apportez-moi le vainqueur ! »

Georges Feydeau a aussi dit :

La vie est courte, mais on s'ennuie quand même.

Cette jeune fille respire la vertu, mais elle est très vite essoufflée.

Ma seule gymnastique, c'est d'aller aux enterrements de mes amis qui faisaient de la gymnastique pour rester en bonne santé.

La mère faisait des ménages. Sa fille les défait.

Il n'y a que dans ces courts instants où la femme ne pense plus à ce qu'elle dit que l'on peut être sûr qu'elle dit vraiment ce qu'elle pense.

Quel dommage qu'on ne puisse pas avoir un amant sans tromper son mari.

Henry Ford
(1863-1947)
Industriel américain

Productivité

Fils d'un fermier d'origine irlandaise, Henry Ford deviendra le symbole de l'industrie automobile américaine. Il entre à l'Edison Illuminating Company, grimpe les échelons et parvient au poste d'ingénieur en chef. Puis il fonde la Ford Motor Company (1903). Grâce à sa célèbre Ford *modèle T* (1908), l'entreprise devient le leader incontesté des fabricants d'automobiles aux États-Unis. La première voiture produite en série sera vendue à quinze millions d'exemplaires jusqu'en 1927.
Pionnier de la rentabilité tous azimuts, Henry Ford se rendait auprès de ses plus proches collaborateurs lorsque survenait une quelconque difficulté qu'il s'appliquait à régler dans l'urgence. Ainsi visitait-il rapidement les trois à quatre bureaux concernés avant de regagner le sien pour prendre sa décision. Un consultant extérieur s'étonnait que le patron-fondateur du plus grand fabricant mondial d'automobiles fasse lui-même cette démarche plutôt que de convoquer lesdits collaborateurs. « Parce que je quitte leur bureau beaucoup plus vite qu'ils ne le font lorsqu'ils sont dans le mien », expliqua Ford.

Couleur

Chacun connaît la boutade de Henry Ford : « Vous pouvez me commander une voiture de n'importe quelle couleur, pourvu qu'elle soit noire ! » Ses clients durent attendre 1925 avant que Ford leur propose deux autres teintes, le vert et le marron. À l'inverse, mais quelques décennies plus tard, Enzo Ferrari (1898-1988) bâtissait son plan marketing en commercialisant des voitures aux couleurs vives et clinquantes. Toutefois, l'entreprise italienne fit une exception notable en offrant une superbe Ferrari de couleur noire au fils d'Henry Ford.

Sigmund Freud

(1856-1939)

Neurologue autrichien.

Fondateur de la psychanalyse

Guerre

Diplômé de médecine en 1881, Sigmund Freud part à Paris en 1885 pour suivre les leçons du neurologue Jean-Martin Charcot à La Salpêtrière. L'année suivante, Freud ouvre un cabinet spécialisé dans les maladies nerveuses à Vienne. La publication de l'œuvre commune de Sigmund Freud et de Josef

Breuer, *Études sur l'hystérie* (1895), marque le début de la théorie psychanalytique, qui suscite immédiatement l'hostilité de la médecine officielle. Mais Freud poursuit ses recherches et publie son célèbre ouvrage *Interprétation des rêves* (1900).
Atteint dès 1923 d'un cancer de la mâchoire, cette lourde maladie ne l'empêche cependant pas de pratiquer et de diffuser la psychanalyse. Mais les nazis brûlent ses livres à Berlin (1934) et, lorsque les troupes allemandes occupent l'Autriche (1938), Freud s'enfuit à Londres avec sa famille « pour mourir dans la liberté ».
Tandis qu'il entend un jour à la radio un journaliste quelque peu idéaliste commenter le conflit en disant que « cette guerre se doit d'être la dernière », sans se départir de son humour à froid, Freud rectifie in petto : « Une chose est sûre, ce sera *ma* dernière guerre. » Il mourut le 23 septembre 1939.

Timidité

Lors de ses consultations, Sigmund Freud s'asseyait derrière le canapé dans lequel prenait place son patient. Aujourd'hui, une telle position passe complément inaperçue et elle contribue même à forcer le trait que propage la caricature d'une séance d'analyse. Mais le père de cette nouvelle pratique médicale était, par définition, le premier à utiliser pareille attitude. Ce comportement, qui favorise évidemment l'écoute et contribue fort probablement à libérer la parole, ne manquait pas de troubler ses malades.

Interrogé sur ce point, Sigmund esquivait : « Je ne peux pas supporter d'être dévisagé huit heures par jour. »

Éducation

Une mère inquiète rencontre Sigmund Freud : « Comment dois-je faire, docteur, pour bien élever mon fils ? » Et le père de la psychanalyse de répondre : « Rien, madame. Ne vous inquiétez pas, de toute façon, ce ne sera pas bien. »

G

Charles de Gaulle

(1890-1970)

Général français. Premier président de la Ve République (1958-1969)

Visite

Tandis que le général visite les nouveaux aménagements du musée du Louvre en compagnie de son épouse et d'André Malraux (1901-1976), alors ministre des Affaires culturelles, « tante Yvonne » s'extasie devant chaque tableau. Et l'auteur de *La Condition humaine* s'empresse d'apporter un commentaire à chaque remarque émerveillée de Mme de Gaulle.
Le président de la République suit la scène d'un regard distrait. Peut-être même d'un œil goguenard. Agacé par la tournure que prennent les événements, il décide de mettre un terme à ce doucereux dialogue. Il entre dans la danse : « Mais enfin, Yvonne, comment voulez-vous que je trouve le temps de peindre ! »

Généalogie

Élu président des États-Unis en novembre 1960, John Fitzgerald Kennedy ne perd pas de temps. Il se rend en visite officielle en France dès le mois de mai 1961.

Le général de Gaulle reçoit donc Kennedy à Paris. La visite se déroule dans un climat courtois, mais les discussions diplomatiques demeurent complexes et tendues. Fort heureusement, Jacqueline Kennedy illumine de sa présence ce voyage dans la capitale. Tous tombent sous le charme. Incontestablement, Jackie vole la vedette à John. Elle devient la vraie star de cette visite officielle et Kennedy déclare aux journalistes : « Je suis l'homme qui accompagne Jacqueline Kennedy. »

Le président français, lui, n'a guère les sens tourneboulés par la présence de Jackie. Même lorsqu'elle se trouve assise à ses côtés lors d'un dîner qui clôture la visite. En fait, le général reste glacial. Il se contente de quelques politesses d'usage et prend un malin plaisir à ne piper mot. La *First Lady* ne tient plus.

« Général, savez-vous que ma famille est d'origine française ?

– Eh bien, chère madame, figurez-vous que la mienne aussi ! »

Américains

Hitler défie le monde depuis un an. Et tout bascule en l'espace de quelques semaines. En avril 1940,

les Allemands envahissent la Norvège et le Danemark, puis lancent une offensive contre la Hollande et la Belgique, qui capitulent le 15 et 27 mai. Les alliés britanniques se replient sur Dunkerque et évacuent dans la hâte le territoire français. Début juin, c'est la débâcle et l'exode.
Le 12 juin, le gouvernement de Paul Reynaud se replie en Touraine avant de gagner finalement Bordeaux, tandis que les troupes allemandes entrent dans Paris le 14 juin. Deux jours plus tard, Paul Reynaud démissionne de la présidence du Conseil et, le soir même, le maréchal Pétain constitue un cabinet. Le lendemain, il s'adresse aux Français à la radio : « C'est le cœur serré que je vous demande de cesser le combat. » De Gaulle, lui, ne se résigne pas. Il s'envole pour Londres dès le 17 juin et prononce le lendemain son vibrant appel depuis la capitale anglaise.
L'Europe vacille et sombre dans l'horreur. Pourtant, certains « Anglo-Saxons », comme le général se plaisait à les surnommer, pataugent encore dans l'insouciance. Ainsi, vers la fin juin, un officier de presse américain demande à de Gaulle : « Général, quelle est donc la couleur de votre pyjama ? » Cette anecdote figure dans le très sérieux journal *The Times* daté du 2 décembre 1982. Le général ne portait pas dans la plus haute estime les Américains et cette remarque a dû conforter l'opinion peu flatteuse qu'il se faisait sur ses alliés. Plus tard, de Gaulle

dira d'ailleurs à leur encontre : « Les Américains sont capables de mettre en œuvre les pires stupidités auxquelles ils peuvent penser. Plus toutes celles qui dépassent l'imagination. »

Bonnes nouvelles

Un jour de 1942, une dame quelque peu maniérée appartenant à la communauté française exilée outre-Manche demande à de Gaulle :

« Mon Dieu, général, comment va notre pauvre sol de France ?

– Pas trop mal, madame. Vous verrez, il nous enterrera tous. »

Accord parfait

De Gaulle entretenait avec Winston Churchill une sorte de complicité belliqueuse que chacun attisait volontiers de traits d'esprit qui firent le bonheur des observateurs politiques. Un peu comme deux comédiens qui s'estiment mais se jaugent en permanence et saisissent la moindre occasion pour garder la main. Ainsi, de Gaulle dit un jour : « Quand j'ai raison, je me mets en colère. Churchill, lui, se met en colère quand il a tort. Ainsi, nous sommes toujours fâchés l'un contre l'autre. »

Émouvant

Le général de Gaulle et son épouse Yvonne avaient une fille handicapée mentale. Née en 1928 à Trèves

(Allemagne) où son père était en mission, Anne de Gaulle mourut le 6 février 1948 d'une broncho-pneumonie. Le dévouement de Mme de Gaulle pour sa fille faisait l'admiration de tous. Elle achètera d'ailleurs le château de Vert-Cœur, à Milon-la-Chapelle (Yvelines) pour y installer la Fondation Anne de Gaulle, une association destinée à aider les jeunes filles handicapées démunies. De son côté, Charles de Gaulle, que l'on disait froid et distant, y compris dans son environnement familial, portait une attention toute particulière à Anne. Tous ses proches ont témoigné de l'affection qu'il portait à sa fille, passant de longs moments à jouer avec elle et restant aussi souvent qu'il le pouvait à son chevet pour lui tenir la main jusqu'à ce qu'elle s'endorme.
Le jour des funérailles de leur fille Anne, le général se tourne vers sa femme et murmure : « Maintenant, c'est une enfant comme les autres. »

Compétition
À l'occasion d'un dîner officiel dans les salons de l'Élysée, le général de Gaulle se retrouve assis au côté de Mme Sargent Shriver, la femme de l'ambassadeur des États-Unis en France. Impressionnée par le charisme du personnage qui, lorsqu'il le voulait, ne manquait ni de charme ni de conversation, Mme Shriver ose tout de go : « Monsieur le président, quel dommage que nous n'ayons pas l'un et l'autre

vingt ans de moins ! » De Gaulle ne bronche pas. Quelque temps plus tard, Sargent Shriver raconte avec naturel sa plaisanterie à Mme de Gaulle. Et Yvonne de répondre ingénument : « Vous savez, Madame Shriver, dans de telles conditions, dites-vous bien que j'aurais, moi aussi, vingt ans de moins. »

“

Charles de Gaulle a aussi dit :
La guerre, c'est comme la chasse. Sauf qu'à la guerre, les lapins tirent.

Je n'aime que les gens qui me résistent, mais je ne les supporte pas.

Je vais répondre à une question qui, au fond de la salle, ne m'a pas été posée.

Comme un homme politique ne croit jamais à ce qu'il dit, il est toujours étonné que d'autres le fassent.

Souvent, les militaires s'exagérant l'impuissance relative de l'intelligence refusent de s'en servir.

George Gershwin

(1898-1937)

Compositeur américain

Rhapsody

Compositeur aux multiples facettes, George Gershwin produisit une œuvre musicale qui relève à la fois du jazz, du ragtime et du classique. Il écrivit aussi de nombreuses chansons populaires, des comédies musicales et des musiques de revues ou de films. En 1923, le très populaire chef d'orchestre de l'époque Paul Whiteman (1880-1967), aussi surnommé Pops, lui commande un morceau original. La partition doit être jouée un an plus tard à l'Aeolian Hall de New York dans le cadre d'une manifestation célébrant la musique américaine moderne *(An Experiment in American Modern Music)*.

Les mois passent et George oublie complètement le projet. Au début de l'année 1924, Gershwin lit par hasard le *New York Tribune*. Et il apprend que Rachmaninov va honorer de sa présence l'événement dont Paul Whiteman lui a parlé. La commande remonte à la surface. Il ne lui reste plus que cinq semaines. Le célèbre et superbe *Rhapsody in Blue* sera donné le 12 février 1924, sous la direction de Pops, avec l'auteur au piano. Un triomphe. La légende veut que Gershwin ait improvisé certains solos le soir même de la première représentation.

Génie

George Gershwin ne cultivait guère l'humilité. Compositeur, pianiste et acteur, son fidèle compère Oscar Levant (1906-1972) l'apprit un jour à ses dépens.

Tandis qu'ils voyagent ensemble dans un train de nuit, Gershwin exige la couchette du bas, plus pratique et plus confortable. Oscar regimbe, prétextant qu'il doit sans cesse subir et accepter les caprices de son ami. George tranche : « Oscar, c'est la différence entre le talent et le génie ! »

Dans le même registre, Gershwin assiste à un concert du pianiste et compositeur Manuel de Falla (1876-1946). À la fin du spectacle il croise un ami :

« Exceptionnel n'est-ce pas ?

– Oui, absolument ! C'est un génie. Une sorte de Gershwin espagnol. »

Sacha Guitry
(1885-1957)
Acteur, auteur et cinéaste français

Consolation

Fils de Lucien Guitry (1860-1925), brillant comédien qui créa les grands rôles d'Edmond Rostand, Sacha écrivit avec une verve étourdissante plus d'une

centaine de pièces de divertissement dans lesquelles domine l'adultère bourgeois. Quant à l'abondante œuvre cinématographique du boulevardier, elle déborde d'une réjouissante désinvolture qui sert un humour grinçant.
Guitry épouse sa cinquième et dernière femme, Lana Marconi (1917-1990), en novembre 1949. Au fil des mois, elle se montre de plus en plus jalouse de ses devancières. Ce comportement agace quelque peu Sacha, qui objecte : « Les autres n'étaient que mes épouses. Vous, vous serez ma veuve. »

Autographe
À l'un de ses admirateurs qui souhaitait un autographe, Sacha Guitry envoya ces quelques lignes manuscrites : « Monsieur, vous m'avez demandé un autographe, mais vous avez oublié de me dire de qui. Je regrette donc de ne pouvoir vous donner satisfaction. Sacha Guitry. »

Fâcherie
Vers la fin de sa vie, Sacha Guitry souffre énormément. Ses amis qui lui rendent visite le trouvent très affaibli, mais tous témoignent de son éternelle vigueur d'esprit. Peu de temps avant sa mort, Albert Willemetz (1887-1964) se rend à son chevet. Célèbre auteur d'une centaine d'opérettes, de revues et d'environ deux mille chansons, Willemetz fut surnommé le « prince des Années folles ». Les deux

hommes ont d'ailleurs écrit ensemble plusieurs revues, dont *Il faut l'avoir*, dès 1914. Et une indéfectible complicité les unit pour toujours.
Profondément attristé de découvrir Guitry dans un état alarmant, Albert Willemetz ne trouve plus les mots de réconfort qu'il souhaiterait prodiguer à son fidèle compère :
« C'est affreux pour un vieil ami comme moi de te voir ainsi.
– Eh bien, fâchons-nous sur-le-champ », soupire Guitry.

Instant
Dans la seconde moitié des années cinquante, Sacha Guitry se faisait rare. Aussi, un opiniâtre journaliste insiste-t-il pour obtenir une interview. Tandis qu'il n'a en tête que le scoop potentiel qu'il va peut-être pouvoir réaliser, le dernier entretien avec le maître, le paparazzi de l'époque s'empêtre dans de laborieux arguments et lâche benoîtement, en s'imaginant qu'il tient déjà sa proie malade :
« Je sais, monsieur, que votre temps est précieux, mais...
– Non. Mon temps est compté », interrompt brutalement Sacha.
Il n'y eut pas d'interview.

Sarcastique
Fils d'un receveur des postes de Mâcon, Georges Lecomte (1867-1958) devient avocat stagiaire avant

de se diriger vers le journalisme. Auteur de pièces de théâtre, essayiste et romancier, il fut aussi directeur de l'école Estienne et président de la Société des gens de lettres (1908).
Son élection à l'Académie française le 27 novembre 1924, à l'issue de six tours de scrutin, provoque chez Sacha Guitry la réaction suivante : « Désormais, ses livres seront d'un ennui immortel. »

Déception
Né à Saint-Pétersbourg, Alexandre (dit Sacha) Guitry retourne en Russie durant l'hiver de 1889. Accompagné de son père, il passe alors une partie de son enfance à la cour du tsar Alexandre III de Russie. Là-bas, Lucien Guitry interprète de nombreuses pièces et Sacha l'entend dire qu'il va « jouer tous les soirs pour travailler ».
Rentré en France, Sacha s'oriente à son tour vers le théâtre et commence à écrire sous le pseudonyme de Lorcey. Et il obtient un réel triomphe dès 1905 avec *Nono*. Sacha a tout juste vingt ans. Il a toutefois débuté trois ans plus tôt, au théâtre des Mathurins avec *Le Page*, une pièce dont il va égarer le manuscrit. Et Guitry cherchera longtemps les feuillets symboliques de sa première œuvre. En vain.
Peu de temps avant la célébration de ses trente ans de théâtre, quelques amis se mettent en tête de retrouver ce fichu manuscrit dont Sacha garde manifestement un souvenir ému. Leurs efforts sont

récompensés. Ils mettent enfin la main sur *Le Page* auprès des Archives nationales qui acceptent aimablement d'en établir une copie. Et, au soir d'une petite cérémonie entre amis, le texte de sa première pièce fut ainsi offert à un Sacha Guitry profondément touché par le geste de ses complices.
Quelques jours plus tard, déçu d'avoir relu son œuvre de jeunesse, Sacha leur dit : « Pourquoi ne m'avez-vous pas laissé mes illusions ! »

Gain de temps
Sacha Guitry racontait avec jubilation cette anecdote dont il fut pourtant une sorte de victime consentante. Dans un élan de généreuse munificence, Sacha offrit un rôle de très courte durée à un vieil acteur magnanime qui s'appelait Albert Dieudonné (1889-1976).
Le consciencieux comédien avait interprété le rôle principal dans le célèbre *Napoléon* d'Abel Gance (1927), expérience qui l'avait tout particulièrement marqué puisqu'il se prenait pour l'empereur lui-même à la fin de sa vie. Dans la proposition de Guitry, Albert Dieudonné n'apparaissait que quelques secondes sur scène, mais il étudia cependant avec méthode cette fatidique réplique de quelques lignes.
Le jour de la première répétition, Albert Dieudonné demande à Sacha : « Vous indiquez que le personnage que je dois interpréter zozote. Est-ce vraiment nécessaire dans la conduite de l'intrigue ? »

Pour une fois décontenancé, Guitry répond que cela n'a vraiment aucune importance. « Parfait, maître. Si vous le permettez, au lieu de zozoter... je vais bégayer. Cela rallongera d'autant ce maigre rôle. »

“

Sacha Guitry a aussi dit :

Ce qui rend furieux quand on est cocu, c'est la pensée qu'un autre va savoir de quoi on se contentait.

Il y a des bêtises que j'ai faites uniquement pour avoir le plaisir de les raconter.

Être riche, ce n'est pas avoir de l'argent, c'est en dépenser.

C'est une erreur de penser que les femmes ne peuvent garder un secret. Elles le peuvent. À plusieurs.

Le seul amour garanti fidèle, c'est l'amour-propre.

Pourquoi, dans les villes où l'on passe, s'applique-t-on à choisir douze cartes postales différentes puisqu'elles sont destinées à douze personnes différentes ?

Abstenez-vous de raconter à votre femme les infamies que vous ont faites celles qui l'ont précédée. Ce n'est pas la peine de lui donner des idées.

Nier Dieu, c'est se priver de l'unique intérêt que peut avoir la mort.

H

Ernest Hemingway

(1899-1961)
Écrivain américain. Prix Pulitzer (1953)
et prix Nobel de littérature (1954)

Salaud

Ernest Hemingway renonce à suivre des études universitaires pour se diriger vers le journalisme. Il entre au *Kansas City Star* en 1917, mais se retrouve ambulancier sur le front italien en juin 1918. Là, un tir de mortier le blesse grièvement aux jambes.

Au lendemain de la Première Guerre mondiale, Hemingway s'installe à Paris et devient correspondant du *Star* de Toronto. Il fréquente alors les groupes de jeunes expatriés anglo-américains de Montparnasse, écrit des poèmes, chroniques, nouvelles et se marie pour la première fois en 1921 avec Hadley Richardson.

Bon vivant et grand buveur, mais aussi sportif, pêcheur, chasseur et passionné de corrida (*Mort dans l'après-midi*, 1932), Hemingway connut une vie sentimentale pour le moins chahutée. En 1926, il quitte Hadley Richardson et leur jeune fils pour Pauline Pfeiffer, une riche romancière qu'il va très vite plaquer pour se jeter dans les bras d'une journaliste, Martha Gellhorn. Elle sera à son tour remplacée par une quatrième épouse, Mary Welsh.

Peu de temps après sa rupture avec Hadley Richardson, un ami lui demande :

« Pourquoi donc l'as-tu quittée ?

– Parce que je suis un salaud », répond du tac au tac Hemingway.

Même si la raison de leur divorce ne peut pas se résumer à une simple anecdote, il convient cependant de remarquer que le côté tête en l'air de la charmante Hadley commençait à agacer Hemingway. Ainsi prit-elle un jour le train de Paris à Genève pour rejoindre Ernest en Suisse. Il lui avait demandé d'apporter dans ses bagages ses derniers travaux, dont des nouvelles pratiquement achevées. Hadley se fit voler la valise dans le train ! Difficile d'imaginer la colère d'Hemingway qui se mit en tête de tout récrire. Installé à Paris en 1920, son mentor Ezra Pound (1885-1972), poète, traducteur et chef de file des expatriés américains, a raconté plus tard que cette péripétie aura terni les relations entre Ernest et Hadley. Mais Ezra Pound commentera surtout le travail de remise en forme des textes que va aussitôt accomplir son ami. Critique littéraire averti et reconnu par ses pairs, Ezra Pound avait eu le privilège de lire les premières moutures. Il explique : « Dans son travail de récriture, Ernest a su garder le meilleur de ses nouvelles perdues. Il a oublié les détails inutiles, ceux qui forment une sorte de brume au-dessus des récits et entravent la force de la construction et de l'intrigue. »

Correction(s)

Un jour, Patrick Hemingway apporte à son père une nouvelle qu'il vient d'écrire en lui demandant de bien vouloir la lire et la corriger. Quelques jours plus tard, Ernest retourne le manuscrit à son fils. Mais Patrick s'étonne :

« Vous n'avez fait qu'une seule correction ?

– S'il s'agit du mot juste, cela suffit. »

Une anecdote ambiguë quant à la qualité des écrits du fiston dans la mesure où Hemingway avait la réputation de beaucoup corriger ses propres textes. La légende veut qu'il ait repris trente-neuf fois la dernière page de l'un de ses romans les plus réussis, *L'Adieu aux armes* (1929). Et il aurait rédigé une centaine de versions différentes du premier paragraphe de l'un de ses autres grands romans, *Le soleil se lève aussi* (1926).

Image

En 1992, les trois fils d'Ernest Hemingway (John, Patrick et Gregory) ont créé une société chargée de gérer les droits du romancier. Ils voulaient organiser un petit business très lucratif en surfant sur la notoriété de leur père et ils se proposaient de monnayer son nom, son image et sa signature au sein de l'Hemingway Ltd.

L'un des premiers objets qu'ils parvinrent à placer sous licence fut un pistolet. Le même modèle que celui utilisé par Ernest pour se suicider le 2 juillet 1961 ! Cette initiative de fort mauvais goût déclenche aussitôt la colère des admirateurs de l'auteur de *Pour qui sonne le glas* (1940), ce superbe récit qui retrace l'expérience d'Hemingway aux côtés des républicains pendant la guerre d'Espagne. Pour leur défense, les fils d'Hemingway ont alors prétexté que leur père appréciait la chasse et avait toujours aimé les armes à feu.

Quelques années plus tard, les trois rejetons ne seront pas mieux inspirés en vendant sous licence une édition limitée d'un magnifique stylo à encre de marque prestigieuse. Le genre d'objet que le tumultueux Ernest, aventurier et homme de terrain, n'aurait jamais placé dans sa poche. D'autant qu'il a toujours écrit avec un simple crayon à papier !

Chanceux

Lors d'un safari en Afrique au cours de l'année 1954, Ernest et sa quatrième épouse, Mary Welsh, furent victimes d'un accident d'avion près des chutes de Murchison. L'engin s'abîma dans le fleuve et les occupants furent secourus par un bateau de touristes qui passait opportunément non loin du crash. Deux jours plus tard, le couple reprend un petit avion qui s'écrase à son tour. Résultat : des entorses aux bras et aux jambes, un tassement de vertèbres, des brûlures et de multiples contusions. Mais, là encore, Mary et Ernest s'en sortent vivants. Pourtant, ils ont été donnés pour morts et de nombreux journaux à travers le monde publient l'annonce de leur décès. Les Hemingway décident alors de quitter l'Afrique pour aller enfin se reposer à Venise. Ernest racontera qu'il a alors lu avec une certaine jubilation sa notice nécrologique dans un hebdomadaire italien, tranquillement assis à la terrasse d'un café.

Dépression(s)

Hemingway souffrait d'une grave déficience visuelle depuis l'adolescence. Anomalie qui l'avait empêché d'incorporer l'armée américaine en avril 1917 pour venir combattre sur le front de la Première Guerre mondiale. Hemingway intégrera finalement la Croix-Rouge italienne en juin 1918.

Vers la fin de sa vie, le romancier se sent devenir aveugle. Mais outre ces difficultés pour lire et écrire, Ernest éprouve surtout une grande fatigue mentale qui se traduit par une profonde dépression et par de sérieux troubles psychologiques qui le font parfois naviguer aux confins de la folie. Par exemple, Hemingway se croyait persécuté par le FBI qui

en aurait voulu à son argent ! Un soir de 1960, tandis qu'il rentre à son domicile en compagnie d'un ami, Ernest s'arrête devant une banque, attiré par un petit filet de lumière qui perce sous la porte :
« Tu vois bien qu'ils sont là. Ils épluchent mes comptes pour voir si tout est en ordre.
– Mais non, Ernest, c'est juste une femme de ménage qui passe l'aspirateur. »
Vers la fin de cette même année, Hemingway sera admis dans une clinique pour y subir une série d'électrochocs, un traitement quelque peu effrayant et parfois controversé (passage d'un courant électrique dans la boîte crânienne), mais très utilisé dans la psychiatrie de l'époque, notamment auprès des patients suicidaires. Mais cette thérapeutique ne produit pas l'effet escompté. Hemingway tente d'abord de se suicider en se jetant dans l'hélice d'un avion. Puis il ne rate pas sa seconde tentative en se tirant une balle dans la tête.
Médecin à Chicago, Clarence, le père d'Hemingway, s'était lui aussi suicidé. Et sur les six enfants qu'il eut avec son épouse, Grace Hall (musicienne et peintre), quatre vont mettre fin à leurs jours : deux des quatre filles, le seul frère d'Ernest (Leicester Clarence, né en 1915) et Ernest lui-même.

Grands mots

Ernest Hemingway obtient le prix Nobel de littérature en 1954, cinq ans après un autre romancier américain,

William Faulkner (1897-1962). Bien que l'un et l'autre restent deux représentants majeurs du récit romanesque contemporain, les deux hommes ne s'appréciaient guère. Tout séparait le globe-trotter excessif et le gentleman-farmer ancré dans ses terres sudistes. L'auteur de *Monnaie de singe* (1926) disait d'Hemingway : « Il ne sait utiliser que des mots que le lecteur ne peut pas trouver dans le dictionnaire. » Remarque à laquelle Ernest répondit : « Pauvre Faulkner, pense-t-il réellement qu'il faille utiliser de grands mots pour décrire de grandes émotions ? Il pense que je n'ai aucune richesse de vocabulaire. Mais je connais tous ces mots aussi bien que lui. Seulement voilà, il y a aussi d'autres termes, plus simples et souvent plus explicites. Et ce sont ceux-là que j'utilise. »
Cette querelle faisait référence au style épuré, elliptique, direct, voire laconique, utilisé par Hemingway qui était influencé par son expérience journalistique.

Cinquante-sept chats
Après avoir divorcé de sa troisième femme en 1946, la journaliste Martha Gellhorn, Ernest épouse l'une de ses consœurs qu'il a rencontrée à Londres, Mary Welsh. Ernest et Mary vont alors partager leur villa cubaine de Finca Vigia, à la sortie de La Havane, avec cinquante-sept chats ! La légende prétend que certains matous aperçus par les touristes qui visitent aujourd'hui les jardins de sa célèbre maison de Key

West, dans cette petite île de Floride, point de l'extrême Sud américain, sont des descendants des chats de Finca Vigia. Certains spécimens auraient même six griffes. Voire huit !

Hemingway céda la maison de Finca Vigia au gouvernement cubain lors de la prise du pouvoir par Fidel Castro (1959). Depuis, l'endroit a été méticuleusement conservé. Chaque objet a été référencé dans un catalogue et placé là ou Hemingway l'avait a priori laissé avant de partir.

Bagarre

Hemingway prit part à la guerre civile espagnole aux côtés des républicains en qualité de journaliste. Cette expérience tissera la trame de son plus grand succès populaire : *Pour qui sonne le glas* (1940). Un récit lyrique et réaliste qui véhicule des valeurs que l'on retrouve douze ans plus tard dans *Le Vieil Homme et la Mer*. Auparavant, Hemingway avait écrit le commentaire d'un film intitulé *The Spanish Earth,* documentaire réalisé en 1937 par Joris Ivens. La narration fut confiée à un autre géant, Orson Welles. Ce dernier se permit alors de changer quelques lignes du texte qu'il trouvait ici ou là un peu pompeux. Ernest l'apprit après l'enregistrement et cette initiative le transporta dans une fureur indicible. Lors de la première projection privée, Hemingway se rua sur Welles en vociférant. Les coups de poings se mirent à pleuvoir de part et d'autre et les invités virent même quelques chaises voler très bas, tandis que les soldats s'affrontaient sur l'écran. Finalement, les deux poids lourds se réconcilièrent devant une (ou plusieurs !) bonne bouteille de whisky.

ALFRED HITCHCOCK
(1899-1980)
Cinéaste britannique

Sauve-toi vite !
Alfred est le dernier d'une famille londonienne de trois enfants. Fervents catholiques, ses parents (par ailleurs épiciers en gros) l'inscrivent au collège jésuite Saint-Ignace. Période dont le jeune garçon ne gardera pas un souvenir ému. Pour preuve. Un jour qu'il traverse un petit village suisse dans un taxi en compagnie d'un ami, il baisse soudain la vitre et lance : « Regarde, voici la chose la plus effrayante que j'aie jamais vue ! » Instinctivement, le chauffeur ralentit et le camarade d'Hitchcock ne voit rien d'autre qu'un prêtre qui converse avec un jeune enfant, la main posée sur son épaule. Alfred sort la tête par la portière et s'égosille : « Cours, jeune ami ! Sauve-toi vite ! Cours pour sauver ta vie ! »

Police

Solitaire et peureux, le jeune Hitchcock n'a pas d'amis d'enfance. Il joue seul et pimente son existence de malicieuses incartades. Ainsi ouvre-t-il un jour une lettre cachetée que son père lui a demandé de porter au commissariat de police. L'officier de permanence s'en rend compte et jette le gamin au trou. Puis il relâche Alfred au bout de deux heures en lui expliquant : « Voilà ce qui arrive aux méchants petits garçons. » Âgé de cinq ou six ans au moment des faits, cette scène a troublé l'inoffensif garnement.

Dans les films d'Hitchcock, les policiers apparaissent le plus souvent sous le trait de personnages falots et incompétents. Et certains spécialistes de l'œuvre d'Hitchcock n'hésitent pas à affirmer que cette aversion de la police tient au souvenir douloureux de la scène du cachot.

Profil

Hitchcock s'initie à la technique cinématographique en réalisant des films muets entre 1925 et 1929. Puis Alfred signe *Chantage* (1929), le premier film parlant anglais que l'on peut classer dans le genre suspense. Il hésite encore quelque temps en réalisant des films musicaux, puis se lance dans son genre de prédilection, les sueurs froides : *L'homme qui en savait trop* (1934), *Les Trente-Neuf Marches* (1935), *Agent secret* (1936).

Vient ensuite la période américaine avec, entre autres, *Rebecca* (1940), oscar du meilleur film, *Correspondant 17* (1940) ou encore *Soupçons* (1941) qui marque le début de sa collaboration avec Cary Grant. Mais aussi avec un film entièrement réalisé sur un canot de sauvetage : *Lifeboat* (1943). Enthousiasmée d'avoir été retenue pour jouer dans ce film scénarisé par John Steinbeck (1902-1968), l'auteur des *Raisins de la colère*, l'actrice Mary Anderson ne tient pas en place pendant les premiers jours de tournage. Elle tente tout ce qu'elle peut pour prouver son aptitude à jouer dans ce film et demande des conseils à chacun. Un jour, elle interpelle Hitchcock :
« Je vous en prie, dites-moi quel est mon meilleur profil.
– Oh ! très chère, vous êtes assise dessus ! »

Naturel

En 1945, Hitchcock aborde le genre psychologique en réalisant *La Maison du Dr Edwardes (Spellbound)*, son premier film avec Ingrid Bergman (1915-1982). L'année suivante, il la retrouve aux côtés de Cary Grant dans un nouveau suspense, *Les Enchaînés (Notorious)*.
Au début du tournage des *Enchaînés*, Ingrid Bergman ne se sent alors pas très à l'aise. Son jeu reste hésitant. Elle s'angoisse et s'en ouvre à Hitchcock à propos d'une scène qu'elle ne parvient pas à aborder. Elle exprime ses doutes, insiste sur une scène précise et lâche : « Je suis vraiment incapable de jouer

cela avec naturel. » Puis elle propose des alternatives au réalisateur qui l'écoute solennellement en opinant de temps en temps du bonnet. Finalement, Hitchcock tranche : « Bien ! Si vous êtes incapable de jouer avec naturel, alors faites semblant. »

Pressing

Dans les années cinquante, Hitchcock tourne notamment *L'Inconnu du Nord-Express, La Loi du silence, Le crime était presque parfait* (son premier film avec Grace Kelly) ou encore l'exceptionnel *Fenêtre sur cour.* Puis, ce sera *Le Faux Coupable* et *Sueurs froides (Vertigo),* son chef-d'œuvre. Vient ensuite *La Mort aux trousses* (1959) et, l'année suivante, le fameux *Psychose.*

Psychose contient l'une des plus célèbres scènes de toute l'histoire du cinéma. Mais aussi l'une des plus saisissantes : l'assassinat de Marion (l'actrice Janet Leigh) sous sa douche. La scène, qui dure quarante-cinq secondes à l'écran, a nécessité une semaine de tournage. Le plus exceptionnel réside dans le fait que le spectateur n'assiste pas vraiment au crime. Il voit le visage terrifié de Marion, un poignard ensanglanté, le visage implorant de Marion et sa main tendue en avant, puis son corps sans vie et du sang qui s'écoule en tourbillonnant dans l'évacuation du bac à douche. Le tout soutenu par la musique de Bernard Hermann (1911-1975) qui collabora aux côtés de Hitchcock entre 1955 et 1966. Après la sortie de ce film qui connut un grand succès, Hitchcock reçut un impressionnant courrier. Et notamment cette lettre d'un homme se plaignant que sa femme ne pouvait plus prendre de douche. Elle en était même arrivée au point de ne plus pouvoir entrer dans la salle de bain et ne se lavait plus du tout. Totalement désemparé, le mari implorait un conseil. Alfred répondit : « Avez-vous songé à l'envoyer au nettoyage à sec ? »

Gourmand

Hitchcock appréciait la bonne cuisine et sa silhouette révélait l'incontestable propension du cinéaste à opter pour la quantité plutôt que pour la qualité. Invité à un dîner privé, Alfred doit se contenter, ce soir-là, des modestes portions que sert la maîtresse de maison. En partant, elle salue Alfred :
« J'espère que vous reviendrez dîner avec nous très bientôt...
– Bien sûr ! Et même dès maintenant si voulez ! »

Frissons

Sur son passeport, face au mot « profession », Hitchcock avait assez naturellement inscrit « producteur ». Un jour, dans un aéroport, un douanier inspecte minutieusement le document. Mais il semble quelque peu intrigué. « Producteur ? Producteur... Mais vous produisez quoi ? » finit-il par demander au maître du suspense. « La chair de poule », répond placidement Alfred.

Thomas Jefferson

(1743-1826)

Président des États-Unis (1801-1809)

Épitaphe

Né dans une grande famille de Virginie, Thomas Jefferson fait des études de droit, devient avocat (1767) et siège à l'Assemblée de Virginie (1769). En 1774, il rédige son célèbre *Aperçu sommaire des droits de l'Amérique britannique.* Il s'agit là d'une sorte de rapport qui évoque les multiples griefs des colonies à l'égard de la Grande-Bretagne. D'abord publié de façon anonyme, ce véritable brûlot propulse l'auteur (une fois découvert) dans l'arène politique. Sur sa lancée, Thomas Jefferson rédige une grande partie de la Déclaration d'indépendance (1776). Après la mort de sa femme (1782), Jefferson redevient délégué au Congrès. Puis il est ambassadeur en France (1784-1789) et assiste avec intérêt aux premières heures de la Révolution française.

Secrétaire d'État (1789-1794) pendant les mandats de George Washington, Jefferson accepte à contre-cœur d'être présenté comme candidat à la présidence par le parti d'opposition républicain (1796). Classé second sur quatre candidats, il devient en 1797 (aux termes du système électoral alors en vigueur) le vice-président de John Adams, le candidat du parti fédéraliste. Élu troisième président des États-Unis en 1800, Thomas Jefferson se retire à Monticello dès la fin de son mandat (1809). Il y vivra jusqu'à sa mort, le 4 juillet 1826.
Quelque temps auparavant, Jefferson avait lui-même formulé son épitaphe en précisant qu'il voulait que personne ne vienne y ajouter le moindre mot. Ce texte dit : « Ici repose Thomas Jefferson, auteur de la Déclaration d'indépendance américaine, de la loi sur les libertés religieuses en Virginie et fondateur de l'université de Virginie. » Jefferson ne tenait pas à mentionner ses mandats politiques de président, vice-président, ministre ou ambassadeur.

Liberté

En 1804, Thomas Jefferson reçoit le baron allemand Alexander von Humboldt (1769-1859) qui vient de planifier son retour vers l'Europe. À la fois astronome, géophysicien, météorologue et océanographe, ce scientifique est aussi un infatigable voyageur. Humboldt a exploré l'Amérique latine. Il a aussi parcouru les chaînes montagneuses

de Russie, le fleuve Amazone, la cordillère des Andes et a grimpé au sommet du volcan Chimborazo (6 310 mètres d'altitude).
Au cours de l'entretien, l'intrépide baron aperçoit un journal qu'il sait virulent à l'égard de la politique que conduit le président américain. Surpris de voir ce libelle sur le bureau de Jefferson, Humboldt s'insurge :
« Pourquoi ne supprimez-vous pas cet infâme torchon ?
– Baron, vous parcourez le monde. Si on vous questionne sur la réalité de notre liberté ou sur l'indépendance de la presse, montrez-leur cet article et dites où vous l'avez trouvé. »

Crotté

Entre 1797 et 1801, Jefferson occupe la fonction de vice-président de John Adams. Un soir, exténué par un long voyage, il arrive dans un hôtel cossu de Baltimore et demande une chambre pour la nuit. Le propriétaire, un certain Boyden, regarde avec mépris les vêtements défraîchis et crottés de l'auteur de la Déclaration d'indépendance et il lui demande, l'air dégoûté, de poursuivre sans plus attendre son chemin.
Quelques instants plus tard, la rumeur populaire se réjouit de la présence du vice-président dans la ville. Aussitôt, Boyden comprend sa bourde monumentale. Et l'hôtelier s'imagine qu'il peut encore

retourner la situation. Il convoque une dizaine de ses domestiques en les chargeant de rattraper au plus vite le prestigieux voyageur. Mission : s'excuser platement et tout faire pour que Thomas Jefferson vienne dormir dans son établissement où il aura toutes les chambres qu'il veut, pour tout le temps qui lui plaira.

L'un des employés retrouve le vice-président, installé dans l'un des plus modestes hôtels de la ville. « Dites à M. Boyden que s'il n'avait pas de chambre pour un fermier crotté, il n'en aura pas davantage pour le vice-président des États-Unis. »

Président

En ce 4 mars 1801, Thomas Jefferson se réveille dans une modeste pension de famille à Washington. Il s'habille, quitte sa chambre et va prêter le serment d'investiture qui le désigne officiellement comme le troisième président des États-Unis. C'est la première fois que la cérémonie se déroule à Washington.

En effet, après l'adoption de la Constitution des États-Unis (1787), George Washington (premier président de 1789 à 1797) opte pour le terrain d'un district neutre. George Washington choisit le site : au fond de l'estuaire du Potomac. Le district fédéral de Columbia est constitué en 1791 par une cession de territoires appartenant au Maryland et à la Virginie. Le Congrès s'y installe en 1800. La ville,

qui compte alors moins de cinq mille habitants, devient la capitale de la nation américaine. D'abord appelée Cité fédérale, le Congrès renomme l'endroit Washington, à la mort du premier président des États-Unis (1799).
Après la cérémonie, Thomas Jefferson regagne sa chambre, puis il se prépare pour le dîner de gala. Lorsque le tout nouveau président arrive dans la salle, toutes les places sont occupées. Mais personne ne bouge ! N'y tenant plus, l'épouse de John Brown, sénateur du Kentucky, se lève. Elle se dirige vers Thomas Jefferson et lui offre de venir s'installer à sa table. Il refuse poliment et, dans un silence pesant, le troisième président américain quitte la salle sans avoir dîné.

Insultes

Pendant la campagne électorale de 1796 qui oppose John Adams et Thomas Jefferson, les noms d'oiseau fusent. Dans chaque camp, les partisans se déchaînent, au point que de nombreux spécialistes disent que cette débauche de violence verbale reste la plus intense de toute l'histoire des élections présidentielles américaines.
Les fidèles de John Adams qualifient Jefferson de « filou », « lâche », « charlatan » et « francomaniaque » (insulte suprême). Mais les amis de Thomas Jefferson ne sont pas en reste. Ils font courir une rumeur infondée. Selon eux, Adams

cherche à marier l'un de ses fils à la fille du roi de Grande-Bretagne et d'Irlande, George III (1738-1820). Objectif : donner naissance à une dynastie américaine qui s'unirait ensuite au Royaume-Uni. La ficelle est un peu grosse et Adams l'emporte. Sans marier son fils !
Quatre ans plus tard, pendant la campagne électorale de 1800, le président fédéraliste brigue un second mandat et déclare sans rire : « Si Jefferson est élu, viols, meurtres, vols, incestes et adultères seront ouvertement prônés et pratiqués. » Cette fois, Jefferson décroche la timbale ! Et il sera d'ailleurs élu pour un second mandat.

Déception
Fondateur de l'université de Virginie, Jefferson instaure dans l'établissement un règlement très souple. Mais la confiance qu'il porte à ses étudiants entraîne de multiples problèmes de discipline. Au point que des professeurs qui veulent rétablir l'ordre doivent affronter une véritable émeute menée à grands coups de cannes et de jets de pierres.
Effondré par cette attitude, Jefferson convoque aussitôt un conseil de discipline réunissant le conseil d'administration de l'université et des représentants des étudiants. Sincèrement touché par la violence des événements, Jefferson prend la parole. Il commence : « C'est le plus douloureux moment de ma vie... » Puis sa gorge se serre. Jefferson arrête

de parler, regarde l'auditoire et, secoué par une profonde vague d'émotion, il éclate en sanglots. Un brillant discours n'aurait pas eu meilleur effet. Quand le conseil exige des sanctions et demande aux émeutiers et à leurs meneurs de se présenter, ils le font tous sans hésiter.

“

Thomas Jefferson a aussi dit :

Je crois fermement à la chance. Mais je me suis aperçu que celle-ci m'a souri quand je travaillais dur.

L'honnêteté est le premier chapitre du livre de la sagesse.

Je crois que les institutions bancaires sont plus dangereuses pour nos libertés que les armées de métier.

Un homme qui ne lit rien est mieux éduqué qu'un homme qui ne lit que des journaux.

James Joyce
(1882-1941)
Écrivain irlandais

Ulysses

Issu d'un milieu modeste, James Joyce suit l'enseignement des jésuites à l'University College de Dublin, sa ville natale. Élève brillant, il se rebelle contre sa famille et rompt avec le christianisme sectaire imposé par sa mère.

En 1914, le magazine *The Irish Homestead* refuse la publication de *Dubliners*. Et, faute d'un éditeur britannique convaincu, sa première grande œuvre de fiction, *Portrait of the Artist as a Young Man* (1916), sera publiée aux États-Unis. James Joyce conquiert enfin une renommée internationale avec la publication d'*Ulysses* (1922), un roman d'une grande modernité qui puise sa matière dans l'*Odyssée* d'Homère. Dans cette œuvre qui conjugue le mythe et la parodie, Joyce exploite avec une maîtrise absolue la technique du monologue intérieur. Technique inédite qui influencera Virginia Woolf, William Faulkner et Samuel Beckett.

Après vingt années passées à Paris, Joyce quitte la France au moment de l'invasion allemande pour se réfugier à Zurich, où il meurt peu de temps après son installation. Dans l'une de ses dernières conférences, un contradicteur s'acharne sur le « patriote exilé » :

« Que faisiez-vous pendant la Première Guerre mondiale ?
– J'écrivais *Ulysses.* »

Quark
Particule fondamentale de la matière, le quark fut mis en évidence par le scientifique américain Murray Gell-Mann, prix Nobel de physique en 1969. Schématiquement, disons que le quark est la plus petite partie (à ce jour connue) de la matière. Résumons. La plus petite entité d'un corps composé est la molécule, assemblage de plusieurs atomes. Constitué d'un noyau et d'électrons qui gravitent autour de ce noyau, l'atome est la plus petite entité d'un corps simple. Quant au noyau, il renferme des protons et des neutrons. Et les protons sont à leur tour constitués de quarks.
Fervent admirateur de l'œuvre de James Joyce, Murray Gell-Mann eut l'idée d'appeler « quark » cette particule élémentaire de la matière en se souvenant d'une phrase contenue dans *Finnegans Wake* (1939) : « *Three quarks for Mr. Mark !* »
Le mot quark *peut aussi se traduire en français par « fromage blanc ».*

Rencontre
Au début des années vingt, James Joyce et Marcel Proust (1871-1922) se retrouvent par hasard dans la même assemblée. Et ces deux monuments de la lit-

térature du XXe siècle se mettent à discuter. Le brouhaha s'estompe et les regards obliques de la foule se focalisent sur les deux écrivains. Certains susurrent un commentaire, tandis que d'autres tendent l'oreille pour capter quelques bribes de cette conversation historique.
Un témoin digne de foi rapporte que les deux hommes n'ont alors parlé que de leurs sciatiques respectives.

Inconnu
James Joyce ne supportait pas les monuments. Notamment commémoratifs. Un jour qu'il se promène dans Paris en compagnie de l'écrivain Valéry Larbaud (1881-1957), les deux hommes passent devant l'Arc de Triomphe. Larbaud demande : « Combien de temps pensez-vous que cette flamme brûlera ? » Et Joyce, stoïque, de répliquer : « Jusqu'à ce que le Soldat se lève et souffle dessus pour l'éteindre. »
Le Soldat inconnu fut inhumé par des poilus sous l'Arc de Triomphe, place de l'Étoile, à Paris, le 28 janvier 1921, à huit heures, en présence des maréchaux Joffre, Foch et Pétain et du ministre de la Guerre de l'époque, Louis Barthou. Le principe de célébrer un Soldat inconnu fut décidé en novembre 1920. Ce soldat non identifié représente symboliquement tous les combattants tués pendant la Première Guerre mondiale. La flamme du souvenir fut allumée en 1923. Elle est ravivée tous les jours à 18h30. Il existe des tombes du Soldat inconnu dans de nombreuses villes à travers le monde : Londres (abbaye de Westminster), Bruxelles (Colonne du Congrès), Ottawa, Washington, Rome, Moscou.

K

John Fitzgerald Kennedy

(1917-1963)

Président des États-Unis (1961-1963)

Filouteries

Joseph Kennedy (1888-1989) fut un homme d'affaires avisé. Père de John, Robert et Edward, il incarnait la réussite financière de l'Amérique conquérante et devint ambassadeur en Grande-Bretagne entre 1937 et 1940. Le patriarche du clan Kennedy avait bâti une fortune considérable, non sans quelques entorses à l'éthique, la morale et la légalité. Pourtant, lorsqu'il fut président des États-Unis, Franklin Delano Roosevelt (1882-1945) fit appel à lui, au début des années trente, pour remettre de l'ordre dans la Securities and Exchange Commission, la fameuse SEC, une sorte de gendarme de la Bourse chargé de veiller au bon fonctionnement des marchés financiers. Et lorsque Roosevelt le convoque

à Washington pour lui proposer cette mission, Joseph Kennedy s'étonne :
« Pourquoi proposer ce job à un filou ?
– Parce qu'il en faut un dans la place pour attraper les autres », rétorque Roosevelt.
D'ailleurs, Joseph Kennedy connaissait fort bien les subtilités des mécanismes boursiers et sa fortune a largement contribué à promouvoir l'ascension politique de John Fitzgerald Kennedy. Par exemple, lors de la terrible campagne électorale de 1960, Joseph envoie un télégramme à son fils : « N'achète surtout pas une seule voix qui ne soit nécessaire. Je m'en voudrais de payer pour une victoire écrasante. » Ce qui ne sera pas le cas. Joseph savait compter puisque John l'emporte avec seulement cent vingt mille voix d'avance face au républicain Richard Nixon.
Au cours de cette même campagne et toujours sur le thème de l'argent, John se laissera aller à quelques saillies parfois arrogantes. Comme celle-ci : « Je n'ai jamais été touché par la Grande Dépression. Je l'ai surtout étudiée à Harvard. »

Privilèges

À la toute fin des années cinquante, tandis qu'il fait déjà campagne en vue d'obtenir l'investiture du parti démocrate, John F. Kennedy rencontre des mineurs dans l'ouest de la Virginie. L'un d'eux l'apostrophe :

« Est-il vrai que vous êtes le fils de la plus grosse fortune du pays ?
– On le dit, oui.
– Est-il vrai que vous n'avez jamais manqué de rien et que vous avez toujours eu tout ce que vous demandiez ?
– C'est vrai, oui.
– Est-il vrai que vous n'avez pas travaillé un seul jour de vos mains dans toute votre vie ? »
L'air quelque peu inquiet, Kennedy se contente cette fois-ci de hocher la tête. Le mineur s'approche alors un peu plus près du futur président et lui murmure à l'oreille : « Je vais vous dire un truc. Vous n'avez rien manqué. »

Cigares

En avril 1961, l'opération de la baie des Cochons (une tentative de débarquement à Cuba d'exilés hostiles au régime de Fidel Castro) va se solder par un échec cuisant qui ravive la guerre froide et déstabilise un temps la Maison-Blanche. Certains critiquent Kennedy pour ne pas avoir apporté le soutien nécessaire à l'invasion visant à renverser Castro, d'autres lui reprochent de l'avoir organisée.
Peu de temps après le désastre de la baie des Cochons, Kennedy convoque Pierre Salinger (1925-2004), son porte-parole, dans le Bureau ovale :
« Je veux beaucoup de cigares.
– Combien, monsieur le président ?
– Un millier ! Appelez tous vos amis et demandez-

leur de vous en apporter autant qu'ils le peuvent ! »
Le lendemain matin, John F. Kennedy convoque de nouveau Pierre Salinger, lui aussi grand amateur de havanes.
« Alors, vous en avez récupéré combien ?
– Ce fut un grand succès, monsieur le président. Onze cents !
– Parfait. Maintenant, je peux signer. »
John F. Kennedy se saisit alors d'un dossier posé sur son bureau et appose son paraphe sur le décret interdisant l'entrée de tout produit cubain sur le sol américain.
En avril 1996, au cours d'une vente aux enchères organisée par Sotheby's, le coffret à cigares en noyer de John F. Kennedy fut adjugé 574 500 dollars.

Confiance
En 1961, peu de temps après une envolée spectaculaire des prix de l'acier qui a créé quelques turbulences sur les marchés financiers, Kennedy reçoit à la Maison-Blanche un industriel particulièrement inquiet de l'état de l'économie :
« Tout va bien. Croyez-moi, si je n'étais pas président des États-Unis, j'achèterais des actions sans hésiter.
– Si vous n'étiez pas président... moi aussi ! »

Tragédie
Le 22 novembre 1963, à 11 h 38. Le Boeing 707 de John F. Kennedy atterrit à l'aéroport de Love Field.

Le trente-cinquième président des États-Unis prépare sa future campagne électorale avec cette visite à Dallas. Le couple présidentiel est attendu dans un centre commercial pour assister à un banquet auquel doivent participer deux-mille cinq cents convives militants. Composé d'une vingtaine de véhicules, le cortège s'ébranle à 11 h 47. La voiture du chef de la police et du shérif du comté ouvre la marche. Les Kennedy ont pris place à l'arrière de la limousine bleue décapotée qui suit, John à droite, Jackie à sa gauche. Devant eux, John Connally (gouverneur du Texas) et son épouse, disposés de la même façon comme le veut l'usage. Sur le siège avant, deux agents de sécurité dont l'un fait office de chauffeur. Derrière eux, une voiture de sécurité précède la limousine du vice-président, Lyndon Johnson.
Le matin même, des tracts qui qualifient Kennedy de « traître » ont été distribués dans la ville. Cependant, des milliers de personnes enthousiastes se sont massées le long du trajet. La limousine bleue passe devant la bibliothèque (Texas Schoolbook Depository). Radieuse, la femme du gouverneur Connally se retourne vers la droite et lance :
« Monsieur le président, vous ne pouvez pas dire que Dallas ne vous aime pas !
– C'est évident », réplique John avec un large sourire.
Quelques secondes plus tard, il s'écroule, touché à la tête. John F. Kennedy meurt peu de temps après son arrivée au Parkland Memorial Hospital.

RUDYARD KIPLING

(1865-1936)
Écrivain britannique.
Prix Nobel de littérature (1907)

Amateur

Né en Inde (Bombay), Rudyard Kipling est considéré comme l'un des plus grands romanciers britanniques. Fils du conservateur du musée de Lahore (ville aujourd'hui située au Pakistan), Rudyard est placé dès l'âge de six ans dans une pension en Angleterre. Il séjourne dans la famille du capitaine Holloway. Kipling évoquera plus tard ces cinq années malheureuses dans *La lumière qui s'éteint* (1891), son premier roman, puis dans *Stalky et Cie* (1899).

Rudyard retourne en Inde entre 1882 et 1889. Son père lui trouve un poste de journaliste assistant pour un quotidien de Lahore. Pendant cette période, le jeune homme publie de nombreux poèmes et nouvelles.

Rudyard épouse Caroline Balestier (1892) et le couple s'installe dans l'État du Vermont. C'est là que Kipling écrit *Tours et détours* (1893), *Le Livre de la jungle* (1894) et *Le Second Livre de la jungle* (1895). Des recueils de contes animaliers et anthropomorphiques qui obtiennent aussitôt un énorme succès international. Devenu un auteur très populaire, Kipling s'installe définitivement en Angleterre (1903) et il sera le premier écrivain britannique à recevoir le prix Nobel de littérature, en 1907.

Pourtant, huit ans plus tôt, tandis qu'il vit encore aux États-Unis, le directeur du *San Francisco Examiner* avait demandé à Kipling de ne plus lui envoyer de textes, qu'il s'agisse d'articles ou de nouvelles. Et de lui préciser clairement : « Je suis désolé, monsieur Kipling, mais vous ne savez pas utiliser la langue anglaise. Et nous ne sommes pas un jardin d'enfants pour écrivains amateurs. »

Enchères

En janvier 1892, Rudyard épouse Caroline, surnommée Carrie, la sœur de son meilleur ami, Wolcott Balestier. Ce dernier, écrivain et agent littéraire américain, meurt d'une fièvre typhoïde en 1891 et Kipling est très affecté par cette disparition brutale. Le couple s'installe alors dans le Vermont, État frontalier de la province canadienne du Québec et leur première fille, Joséphine, naît le 29 décembre 1892. Dans une autobiographie publiée en 1935 (*Something of Myself*), Kipling plaisante : « L'anniversaire de sa mère tombant le 31 et le mien le 30 du même mois, nous la félicitâmes pour cet esprit d'à-propos. » Un jour, Kipling donne un paquet de feuilles rassemblées dans une grande enveloppe à la nurse qui s'occupe avec dévouement de la jeune Joséphine. « Gardez précieusement ce manuscrit. Vous le vendrez quand vous aurez besoin d'argent. » Quelques années plus tard, la gouvernante suivra ce conseil avisé. Il s'agissait du manuscrit original du *Livre de la jungle.*

Nécrologie

Tandis qu'il lit un journal, Kipling voit une annonce curieuse dans la rubrique nécrologique. Il prend aussitôt la plume et écrit au directeur : « Je viens d'apprendre ma propre mort en lisant votre journal. Merci de ne pas oublier de me radier de votre liste d'abonnés. »

Merci

Lorsqu'il était au sommet de sa gloire, un magazine calcula que Rudyard Kipling gagnait un dollar par mot écrit. L'un de ses fidèles admirateurs avait longtemps cherché à obtenir un autographe de l'auteur du *Livre de la jungle*. En vain.

Déçu par l'attitude de l'écrivain, ce lecteur obstiné décida donc d'employer les grands moyens. Il envoya une lettre au prix Nobel de littérature : « J'ai lu que vous gagnez un dollar par mot. Voici un chèque de un dollar, merci de m'envoyer un échantillon. »

Rudyard retourna une carte (sans le chèque) avec ce simple mot : « Merci. »

Stanley Kubrick
(1928-1999)
Cinéaste américain

Échecs

À l'âge de seize ans, Stanley Kubrick intègre l'équipe de photographes du magazine *Look*. Reconnu par la profession, ce cinéphile enthousiaste réalise un premier court métrage, *The Day of the Fight* (1950), puis il enchaîne l'année suivante avec *Flying Padre*.
En 1953, Kubrick se lance dans le grand bain. Il réalise son premier long métrage, *Fear and Desire*, une histoire de soldats perdus et confrontés à des conditions de vie extrême. Pour ce film, Stanley collecte des fonds auprès de ses proches. Il dispose donc d'un modeste budget et doit tout faire (lumière, tournage, montage). Et Stanley vendra même des jeux d'échecs dans Central Park, à New York, pour boucler les comptes de la production.
Salué par quelques rares critiques, le film sera lui aussi… un échec. D'ailleurs, Kubrick fut lui-même très déçu par ce galop d'essai. Aussi chercha-t-il à racheter toutes les copies du film afin que personne ne puisse plus jamais le visionner.

Discret

Dans les différents genres qu'il a su aborder, Stanley Kubrick se pose en pionnier. Ainsi le réalisateur propose-t-il toujours une vision pessimiste et

glaciale de notre société. Comme s'il avait su intégrer cet adage : « La création vise à montrer le chaos du monde ». Et Kubrick s'y emploie, que ce soit dans *Lolita* (d'après l'œuvre de Vladimir Nabokov, 1962), *Docteur Folamour* (1964), *2001 : l'odyssée de l'espace* (1968), *Barry Lyndon* (1975), *Shining* (1980) ou *Full Metal Jacket* (1987).
Tiré d'une nouvelle d'Arthur Schnitzler, son dernier film, *Eyes Wide Shut* (1999), avec Tom Cruise et Nicole Kidman, passe pour le testament d'un innovateur déterminé à pousser plus loin les frontières de l'image. Toutefois, Kubrick s'effaçait derrière une œuvre rare et spectaculaire. Et il restait souvent plusieurs années sans tourner. Par exemple entre *Shining* et *Full Metal Jacket*, puis *Eyes Wide Shut.* Pendant ces périodes, Kubrick n'acceptait aucune interview, mondanité ou invitation. Il restait confiné dans sa maison. Il s'enferma même pendant plusieurs mois pour soigner son chien agonisant.

Talent

Pour interpréter le personnage d'Alex de Large, rôle principal dans *Orange mécanique (A Clockwork Orange,* 1971), film tiré du roman d'Anthony Burgess, Stanley Kubrick avait envisagé d'engager Mick Jagger. Mais le réalisateur porta son choix sur l'acteur Malcolm McDowell.
Ce dernier raconte qu'il aurait convaincu Stanley en lui prouvant qu'il rotait sur commande ! Un talent

appréciable qu'il exerce à de nombreuses reprises dans le film. Et d'ajouter : « Depuis, j'inscris toujours cette aptitude en bonne place sur mon curriculum vitae ! »

Assurance

Pendant le tournage de *2001 : l'odyssée de l'espace,* Stanley Kubrick approche la Lloyd's de Londres, une compagnie d'assurances, pour tenter d'établir un contrat. Car le réalisateur a imaginé qu'il courait un grand risque.

Angoissé à l'idée que des extraterrestres se manifestent avant la sortie du film, Stanley voulait couvrir les conséquences désastreuses qu'un tel événement provoquerait sur les recettes de son film. La Lloyd's ne donna jamais suite à la demande.

Ping-pong

Pendant le tournage d'*Orange mécanique* (1971), entre les prises, Malcolm McDowell et Stanley Kubrick jouent assez souvent au ping-pong. Quelques mois après la sortie du film, les deux hommes se rencontrent dans un modeste bureau de la production. L'interprète de l'intrépide Alex de Large, le fougueux meneur de la bande des trois *Droogs* dans le film, fait remarquer à Stanley qu'il lui doit toujours deux semaines de cachet. « OK ! », reconnaît le réalisateur en saisissant une fiche qu'il s'empresse de remplir.

« Je te paie royalement une semaine.
– Une semaine ? Seulement ?
– La seconde, c'est le ping-pong ! »

Déchet

Connu pour son perfectionnisme qui se traduisait par de multiples prises, Stanley Kubrick tourne *Shining* en 1980. Tiré du roman de Stephen King, cette plongée dans la terreur pure nous offre une exceptionnelle interprétation de Jack Nicholson. Pour ce film qui dure cent quarante-deux minutes, Stanley utilisa quatre cent trente kilomètres de pellicule ! Pour clarifier les choses, la copie finale utilise largement moins de 1 % de la « quantité » originelle filmée.

Méticuleux

Stanley Kubrick reprenait maintes fois des plans élémentaires. À l'origine acteur de théâtre et lui-même réalisateur appliqué, son ami Sydney Pollack (*On achève bien les chevaux, Out of Africa, Tootsie*) sait ce qui l'attend lorsqu'il accepte un rôle dans le dernier film de Stanley, *Eyes Wide Shut* (1999).
Surpris, Pollack note qu'ils tournent plusieurs séquences en quelques heures. Sans la moindre difficulté. Survient alors la scène dans laquelle Sydney Pollack (alias Ziegler) rencontre Tom Cruise (le Dr Harford) lorsqu'il ouvre la porte donnant sur la salle de billard. Kubrick interrompt une première

fois : « Pouvez-vous ouvrir la porte un peu plus lentement ? » Nouvelle prise. Nouvelle interruption : « Non. Plus vite, la porte ! » Nouvelle prise. Nouvelle interruption : « Désolé, mais on n'y est pas du tout. Un peu moins vite, s'il vous plaît. »
Et Sydney Pollack de susurrer à Tom Cruise : « Dans trois semaines, ce sera bon ! »

Franz Liszt

(1811-1886)

Pianiste et compositeur hongrois

Généreux

Initiateur du récital de piano en solo, Franz Liszt fut le pianiste le plus influent du XIXe siècle. Il commence à jouer avec son père et poursuit ses études à Vienne. De 1823 à 1835, Liszt vit principalement à Paris. Dans la capitale française, il rencontre Hector Berlioz, Frédéric Chopin, Victor Hugo et Alphonse de Lamartine. En 1833, Franz côtoie la comtesse Marie d'Agoult qui écrit sous le pseudonyme de Daniel Stern. De leur liaison, qui dure jusqu'en 1844, naissent trois enfants, dont Cosima, qui épousera Richard Wagner.

Pianiste, chef d'orchestre et audacieux compositeur, Liszt influença fortement Richard Wagner et Richard Strauss. Il fut l'une des plus remarquables personnalités artistiques de son temps et a formé environ quatre cents élèves. Sans compter ceux qui se prévalaient de ce titre envié et monnayable. Ainsi une jeune fille rend-elle un jour visite à Franz Liszt en s'excusant d'avoir usurpé l'expression « élève de Liszt ». Confuse et intimidée, elle avoue son mensonge et, à la demande de son idole, accepte ensuite d'interpréter quelques partitions du maître. Le compositeur dodeline de la tête et fait ici ou là une moue dubitative. Puis il donne à la pianiste en herbe un affectueux baiser sur la joue et ajoute : « Désormais, vous pourrez dire que vous avez été l'élève de Liszt ! »

Cinglant

On dit que Franz Liszt tenait à rencontrer Gioacchino Rossini (1792-1868), compositeur italien de quarante opéras et auteur du célèbre *Barbier de Séville* (1816), une œuvre écrite en treize jours. Aussi aurait-il sollicité l'aide de Giuseppe Verdi (1813-1901), l'un des plus grands illustrateurs du bel canto au XIXe siècle. L'auteur de la fameuse « trilogie populaire » *(Rigoletto, Le Trouvère* et *La Traviata)* remet donc une lettre d'introduction à Franz Liszt.
Courtois, Rossini écoute la pièce que Liszt interprète avec son habituelle virtuosité. Il s'agit d'une marche que Franz vient de composer en l'honneur de la mort de Giacomo Meyerbeer (1791-1864), un compositeur allemand dont le sens dramatique influencera plus tard Richard Wagner. « Qu'en pensez-vous,

maître ? » Toujours aussi obséquieux, Gioacchino Rossini reconnaît avoir apprécié. Mais il s'empresse d'ajouter : « Ne pensez-vous pas qu'il aurait été préférable que vous soyez mort et que Meyerbeer ait écrit la musique ? »

M

EDME DE MAC-MAHON

(1808-1893)
Président de la République française
(1873-1879)

Nègre

Dans un ouvrage intitulé *Les Mots célèbres de l'Histoire* (Albin Michel, 2003), je racontais une anecdote apocryphe. Je la redonne ici en résumé, mais surtout je suis une implacable argumentation qui m'a été fournie par le général Jean Boÿ (promotion 1958-1960 de l'école de Saint-Cyr), grand spécialiste de la tradition de cette prestigieuse école militaire. Intrigués par cette histoire dont il avait eu connaissance, nous doutions tous deux de sa véracité. Le général Jean Boÿ a alors effectué une recherche minutieuse dans les archives de l'école. Soudain passionné par cette anecdote, il a même écrit un article définitif au sujet du « nègre » dans *Le Casoar* (revue trimestrielle de la Saint-Cyrienne, avril 2008, n°189).

Rappel des faits. En 1875, le maréchal de Mac-Mahon visite l'école de Saint-Cyr dont il a été l'élève. Vient le moment attendu de la traditionnelle présentation du major de la promotion. Le « nègre », dans l'argot de l'école. Là, Mac-Mahon interrompt le pompeux laïus de l'officier de service : « C'est vous, le nègre ? Eh bien, continuez ! » Ce sympathique encouragement serait alors devenu l'une des plus exceptionnelles bévues protocolaires de l'Histoire, dans la mesure où le nègre en question était un étudiant mulâtre. Seulement voilà, tout est faux dans cette histoire ! Le major de promotion mulâtre aurait été Maximilien Liontel (promotion 1872-1873), originaire de la Guyane. Mais Liontel a été réformé le 18 janvier 1873 ! Or, le maréchal de Mac-Mahon ne visite l'école qu'une seule fois, le 13 mars 1875. Maximilien Liontel n'était donc plus là ! D'autres sources citent un autre mulâtre, Camille Mortemol. Sauf qu'il ne figure nulle part dans les archives de Saint-Cyr et qu'il n'a jamais mis les pieds dans l'établissement. Par ailleurs, le mot « nègre » ne figure pas dans le langage imagé de la tradition saint-cyrienne. Là encore, le général Jean Boÿ n'a pas trouvé la moindre trace de ce mot pour désigner un major de promotion. Ni dans les archives de l'école ni dans la littérature spécialisée faisant référence à l'histoire de Saint-Cyr. Le débat paraît définitivement clos, jamais le maréchal de Mac-Mahon n'a été l'auteur de cet involontaire jeu de mots.

Originaire d'une famille irlandaise, héros de la guerre de Crimée (1855), organisateur de la répression contre la Commune de Paris (mars-mai 1871) et fervent défenseur de l'ordre moral, le maréchal de Mac-Mahon fut porté à la présidence de la République (24 mai 1873) par la coalition monarchiste de l'Assemblée nationale après la chute d'Adolphe Thiers. On a dit qu'il avait le don d'enfiler avec aisance bourdes, maladresses et clichés. Humoristes et caricaturistes lui attribuent cette gaffe : « La typhoïde ? On en meurt ou on en reste idiot. Je peux vous en parler... je l'ai eue. » Il y a aussi la célèbre formule : « Que d'eau ! Que d'eau ! », commentaire lâché au moment des spectaculaires inondations provoquées par la crue de la Garonne dans la ville de Toulouse. Mais après l'« affaire de Saint-Cyr », on peut légitimement douter de toutes les saillies attribuées au maréchal.

Claude Monet

(1840-1926)

Peintre français

Sarcasmes

Chef de file de l'école impressionniste, Claude Monet passe une partie de son enfance au Havre. Puis il rejoint Paris (1859) et rencontre ceux qui forment

le mouvement impressionniste : Camille Pissarro, Pierre Auguste Renoir, Alfred Sisley et Frédéric Bazille. En 1866, il fait la connaissance d'Édouard Manet, alors considéré comme le père spirituel de cette jeune école.
Réfugié à Londres pendant la guerre de 1870, Monet découvre les compositions de Turner et son remarquable traitement de la lumière. Il retourne à Argenteuil (1871), mais le Salon officiel refuse sa production et celle de ses amis, qui organisent donc leur propre exposition (1874), dans l'atelier du photographe Félix Nadar.
La critique juge avec mépris toutes ces toiles. Ainsi un célèbre tableau de Monet *(Impressions, soleil levant)* fut-il l'objet de pitoyables sarcasmes. Louis Leroy, journaliste au *Charivari,* qualifie d'« impressionniste » le style des artistes « indépendants » rassemblés chez Nadar. Ce mot, qui se voulait péjoratif, voire agressif, allait donner son nom à l'un des mouvements les plus novateurs de l'histoire de la peinture.

Élèves

En 1877, lors de la troisième exposition du groupe des indépendants, Claude Monet présente une série de tableaux sur le thème de la gare Saint-Lazare. Ces toiles reçoivent enfin un accueil favorable et Émile Zola (1840-1902) les encense. Monet s'engage sur le chemin de la gloire.
À partir de 1883, Monet s'installe dans une pro-

priété du petit village de Giverny (Eure). Il y aménage un jardin agrémenté d'un étang et d'un pont d'inspiration japonaise que l'on voit dans sa série des *Nymphéas*. À partir de 1899, les motifs de son jardin composent d'ailleurs l'essentiel de ses toiles. Parvenu au sommet de sa renommée, Monet reçoit fréquemment la visite de fervents admirateurs, mais aussi celle d'apprentis peintres qui le harcèlent afin de lui montrer des toiles. « Ils voulaient me suivre pendant plusieurs jours et j'avais beaucoup de mal à m'en débarrasser. Certains s'incrustaient aux alentours de la propriété. Quand je sortais, ils sortaient. Quand je peignais, ils peignaient. Et pour ne pas paraître discourtois, je leur donnais deux ou trois conseils. J'ai ensuite appris que certains se disaient avoir été des élèves de Monet ! »

Honneur

Médecin puis député radical dès 1871, Georges Clemenceau (1841-1929) siège à l'extrême gauche de l'Assemblée nationale (1876) et prend position en faveur de Dreyfus. Surnommé le « Tigre » et le « Père la victoire », il sera président du Conseil (1906-1909, puis 1917-1920). Ami intime de Claude Monet, Clemenceau propose un jour au peintre une « Légion d'honneur bien méritée ». Et le chef de file des impressionnistes de rétorquer : « C'est bien trop tard, Georges. J'ai largement plus de soixante ans, tu aurais dû y penser plus tôt. »

Wolfgang Amadeus Mozart

(1756-1791)

Compositeur allemand

Conseil

Mozart naît à Salzbourg, à l'époque principauté allemande. Son père, Léopold (1719-1787), y est maître de chapelle à la cour du prince-archevêque. Enfant prodige, Mozart apprend le clavecin dès l'âge de cinq ans, puis le violon, l'orgue et la composition. Doté de l'oreille absolue, la légende veut qu'il ait reconnu un *sol* dièse en entendant le cri d'un cochon à l'âge de quatre ans !

Le petit Wolfgang compose ses premiers menuets à six ans. Prodigieux virtuose au piano comme au violon, il laissera une œuvre considérable qui touche à tous les genres musicaux.

À un jeune garçon qui lui demande des conseils pour écrire un opéra, Mozart répond :

« Vous devriez commencer par composer des ballades.

– Mais vous, vous avez bien écrit un opéra à l'âge de onze ans !

– Certes, mais je n'avais pas besoin de demander des conseils. »

Ce premier opéra (*Apollo et Hyacinthus*) avait été composé en 1767 pour les étudiants de l'université de Salzbourg.

Époustouflant

Vers l'âge de quatorze ans, quelques années après la tournée d'exhibitions (1762-1766) qu'il entreprend avec son père à travers l'Europe, Mozart se rend à Rome. Il y entend un célèbre motet, le *Miserere* pour neuf voix et deux chœurs de Gregorio Allegri (1582-1652), un morceau qui dure une quinzaine de minutes.

Seulement voilà, le pape en a interdit la copie sous peine d'excommunication. L'entourage de Wolfgang effectue une démarche auprès des autorités ecclésiastiques pour obtenir que le jeune Mozart puisse au moins lire, ou simplement voir, la partition. Refus catégorique. Qu'à cela ne tienne, Wolfgang retranscrit alors intégralement le *Miserere* en ne l'ayant entendu qu'une seule fois.

Compliment

En novembre 1780, Mozart reçoit une commande de l'opéra de Munich. À la fin du mois de janvier de l'année suivante, le public accueille avec enthousiasme *Idoménée, roi de Crète.* Le soir de la création, un notable bouffi de suffisance s'approche de Wolfgang et ose ce commentaire :

« Très beau, maître. Mais il y a beaucoup trop de notes.

– Certes, monsieur, mais pas une qui ne soit à sa place ! »

Coup de pouce

En octobre 1787, tandis que se déroule au théâtre national de Prague la répétition de *Don Giovanni*, opéra en deux actes, Mozart est agacé par une soprano qui joue le rôle de Zerlina. En dépit des instructions du compositeur qui lui a expliqué plusieurs fois qu'il fallait hurler avec conviction face aux avances de Don Giovanni, la cantatrice reste en deçà des volontés de Wolfgang.

Tandis que la troupe est de nouveau en cours de répétition, Mozart monte discrètement sur la scène et rampe jusqu'aux pieds de la soprano. Puis, à l'instant fatidique, Wolfgang lui pince le bras. Zerlina pousse alors un cri perçant. « Parfait ! Admirable ! s'exclame le compositeur. Et tâchez maintenant de vous en souvenir. »

Isaac Newton

(1642-1727)

Scientifique anglais

Froid

Mathématicien, physicien et astronome, Isaac Newton est considéré par ses pairs comme l'un des plus grands scientifiques de l'histoire. Il a contribué à d'importantes avancées dans de nombreux domaines qui ont révolutionné le savoir du XVIIe siècle : calcul infinitésimal, dispersion de la lumière et théorie des couleurs, gravitation universelle.

En 1687, le roi Jacques II veut transformer Cambridge en une institution catholique. Fort de sa notoriété, Newton organise la résistance de l'université. Combat aisé dans la mesure où la conversion du souverain au catholicisme, puis son mariage à une princesse catholique ne le rendent pas populaire. La naissance du fils de Jacques II déclenche la révolution de 1688 et le gendre du roi, Guillaume

d'Orange, oblige son beau-père à se réfugier en France.
Le roi chassé de son trône, l'université élit Newton comme l'un de ses représentants au Parlement britannique. Le scientifique ne prendra la parole qu'une seule fois. Ce jour-là, il se lève dans un silence de plomb. Les yeux se fixent sur les lèvres de ce génie adulé de tous. Les oreilles se dressent. Et certains se réveillent sous le coup de coude plus ou moins discret, mais efficace, de leur voisin. « Il y a ici un fâcheux courant d'air. Ne pourrait-on pas fermer cette fenêtre ? » Et Newton se rassoit.

Abracadabra

Une vieille dame qui prenait Newton pour une sorte de magicien pourvu de pouvoirs surnaturels susceptibles de résoudre toutes les difficultés de la vie quotidienne parvint à approcher le scientifique. Elle avait perdu sa bourse dans Londres et implorait Isaac de lui donner une indication pour diriger ses recherches. Newton l'envoya paître à plusieurs reprises mais, tenace, elle revint douze fois au domicile du physicien avec son lancinant discours.
N'y tenant plus, Isaac revêtit un jour le costume d'une excentrique sorcière, dessina sur le sol des signes étranges et s'engagea dans des incantations sans aucune signification, mais en prenant l'air le plus inspiré qui soit. Subjuguée, la vieille dame buvait les paroles de son sauveur, qui finit par évoquer un

endroit vaguement situé le long de la façade du Greenwich Hospital. En précisant avec moult mimiques qu'un diable se penchait sur sa bourse. La bonne femme se précipita vers le lieu désigné, et, selon la légende, elle y retrouva sa bourse.

Concentré

Élu président de la Royal Society (1703), titre qu'il conservera toute sa vie, Newton jouit d'une immense notoriété. Loin de se contenter de cultiver cet acquis en courant les mondanités, Isaac, comme tout chercheur digne de ce nom, poursuit ses travaux avec rigueur et assiduité.
Un soir, tandis que le physicien planche sur une équation rebelle, l'un de ses amis le rejoint à son domicile. Les deux hommes avaient projeté de dîner ensemble, mais Isaac avait oublié l'invitation. Absorbé par la complexité de ses calculs, Newton salue son collègue d'un vague signe de la main. Et, d'un mouvement de tête, il lui enjoint de prendre place dans un fauteuil.
Dans le plus complet silence, un domestique apporte alors un plateau avec un dîner pour une seule personne. Newton ne lève pas le sourcil, sa plume gratte le papier. Et l'invité attend sagement. Au bout d'une bonne vingtaine de minutes, il se décide à manger le repas préparé à l'intention de Newton. Un long moment s'écoule. Toujours dans le plus profond silence. Puis Isaac se redresse, satisfait d'avoir su

dompter son équation rétive. Mais aussi tout surpris d'apercevoir son vieil ami.
Puis son regard se porte sur le plateau encombré d'assiettes vides : « Si je n'en avais pas la preuve formelle sous les yeux, j'aurais pu parier ne pas avoir encore dîné. »

Expérience
Newton a raconté qu'il mena sa première expérience vers l'âge de seize ans. Un jour de grande tempête, il a l'idée de sortir de la maison et de faire plusieurs sauts dont il mesure aussitôt l'amplitude. D'une part, il effectue une série de bonds avec le vent dans le dos ; d'autre part, il s'élance pour une série de sauts contre le vent.
Quelques temps plus tard, le calme revenu, Isaac poursuit son expérience en sautant de nouveau, au même endroit, sans vent aucun. Avec cette banale expérience, il s'amusait ensuite, dès qu'une tempête se levait, à calculer la force du vent en « pieds de force », un siècle et demi avant la création de l'échelle de Beaufort qui mesure la vitesse du vent sur une échelle graduée de 0 à 12. Méthode proposée en 1805 par l'amiral britannique Francis Beaufort (1774-1857).

Modestie
À un admirateur qui lui demandait comment il avait pu réaliser autant de découvertes, Isaac Newton

répondit avec une magnifique simplicité, à la fois déconcertante et ô combien symbolique : « Je suis comme un enfant qui joue sur le rivage ; et, tout en m'amusant, quand je découvre un caillou bien poli ou un superbe coquillage, je pense à l'immense océan de savoirs inconnus que je laisse derrière moi. »

PHILIPPE DE GRÈCE, DUC D'ÉDIMBOURG

(1921-...)

Prince consort de Grande-Bretagne depuis 1957

Drapeau

Colonie de la couronne britannique, le Kenya acquiert son indépendance le 12 décembre 1963. Le protocole charge alors le duc Philippe d'Édimbourg (époux de la reine de Grande-Bretagne Élisabeth II) de se rendre à la cérémonie de proclamation de l'indépendance. Tandis que l'on amène pour la dernière fois les couleurs britanniques sous le regard nostalgique des officiers de l'East African Riffles, le drapeau se coince sur le mât et refuse de descendre. Les regards se figent. Les mâchoires se crispent. Et avant que la dextérité d'un soldat parvienne à débloquer la situation, Philippe d'Édimbourg, l'œil pétillant de malice, se tourne vers

Jomo Kenyatta (1893-1978), nouveau Premier ministre (1963-1964) et futur président de la République (1964-1978) : « Alors, cher ami, êtes-vous sûr de ne pas vouloir changer d'avis ? »

Pablo Picasso
(1881-1973)
Peintre et sculpteur espagnol

Trop cher
À partir de 1961, Pablo Picasso s'installe à Mougins (Alpes-Maritimes). Chef de file du mouvement cubiste avec Georges Braque (1882-1963), ce touche-à-tout de génie explore les possibilités créatrices qu'offrent la céramique et la lithographie. Depuis les premiers tableaux de sa « période bleue » (1901-1903), Picasso a derrière lui soixante années de jubilations inventives (toiles, dessins, gravures, collages, sculptures). Artiste prolifique (certains spécialistes estiment qu'il a réalisé plus de trente mille œuvres), Picasso fut l'un des maîtres incontestés de l'art moderne et il connut un immense succès international qui se traduisait par des cotes exceptionnelles.
De nombreux visiteurs avaient remarqué qu'aucun tableau du maître n'ornait les murs de sa maison de Mougins. Un jour, l'un de ses amis s'en étonne :

« Pablo, pourquoi n'as-tu pas accroché quelques-unes de tes toiles ?
– Parce que je n'ai pas les moyens de les acheter. »

Signatures

Picasso fut une véritable star dès la fin de la Seconde Guerre mondiale. Il avait accompli une carrière impressionnante : « période bleue » (1901-1903), puis « rose » (1903-1906), sans oublier la fondation du mouvement cubiste (1906-1914) et ses célèbres *Demoiselles d'Avignon*, puis son retour à un certain classicisme (1916-1924). Mais au sortir de la Seconde Guerre mondiale, l'intensité de son *Guernica* (1937) et la légèreté de sa *Colombe pour la paix* (1949) avaient définitivement marqué les esprits.

Picasso s'amusait beaucoup de son immense popularité, sans oublier parfois de la monnayer comme il se doit. Ainsi, le maître d'hôtel d'un grand restaurant parisien lui apporte l'addition d'un bon dîner entre amis. Picasso demande un crayon et réalise un dessin sur la note. Tout ébaubi, le garçon court vers les cuisines avec son trophée. Quelques instants plus tard, le patron vient vers sa table. Il a compris que Picasso ne voulait pas payer, mais il tient cependant à régler un petit détail :

« Merci, maître, mais vous avez oublié de signer.
– Enfin ! Je veux bien inviter mes amis, mais vous ne voulez tout de même pas que j'achète l'établissement ! »

Dans le même ordre d'idées, Picasso se rend chez un ébéniste pour lui demander de fabriquer une penderie en acajou sur mesure. Pablo explique ce qu'il souhaite et finit par exécuter un minutieux croquis précisant forme et dimensions de l'armoire. L'ébéniste regarde et sourit.
« Combien cela me coûtera-t-il ? demande l'artiste.
– Rien, maître, signez l'esquisse. »

Faux

Comme tous ses collègues, Picasso fut énormément copié. Car une œuvre foisonnante et multiforme qui se joue de multiples supports attise la convoitise des faussaires. D'autant que la cote de Pablo n'en finissait pas de grimper.
Un artiste dans le besoin avait acquis un soi-disant Picasso dans l'espoir de le revendre avec une bonne plus-value. Mais le doute le gagne et il demande à un ami de Picasso de lui montrer le tableau. Verdict sans appel de Pablo : « Désolé pour lui, mais c'est un faux ! » Quelques semaines plus tard, ce même ami revient fièrement chez Picasso avec une autre toile qu'il vient à son tour d'acheter.
« Désolé mon vieux, mais elle est tout aussi fausse que celle de l'autre jour.
– Mais comment ? C'est impossible ! Je t'ai moi-même vu la peindre. Ici. De mes propres yeux.
– Peut-être. Mais je suis capable, comme n'importe qui, de peindre des faux Picasso. »

Guernica

En 1937, la guerre civile déchire l'Espagne. Le 26 avril, jour de marché, les avions allemands de la légion Condor bombardent la ville basque de Guernica (près de Bilbao). Ils pilonnent et détruisent la cité en larguant cinquante tonnes de bombes incendiaires et à fragmentation. Ce raid fomenté par l'Allemagne nazie pour soutenir Franco tue 1 654 civils et fait 889 blessés.

Né à Malaga et installé à Paris depuis 1901, Picasso est bouleversé par ce drame qui touche son pays natal. Pablo exprime alors sa rage dans *Guernica*, un tableau monumental (7,77 mètres de long sur 3,49 mètres de large) et poignant où se mêlent figures humaines et animales broyées, corps disloqués et visages torturés. Le tableau fut conservé au Museum of Modern Art de New York. Comme l'avait souhaité Picasso, l'œuvre ne rejoignit l'Espagne qu'après l'avènement de la démocratie, le 10 septembre 1981 (il est actuellement accroché au Museo nacional centro de arte reina Sofia).

Pendant l'occupation nazie de Paris, des soldats allemands visitent l'appartement de Picasso. L'un d'eux voit une photo du tableau *Guernica* sur une table et interroge Pablo :

« C'est vous qui avez fait cela ?

– Non. C'est vous ! »

Business is business

Après la Seconde Guerre mondiale, le prix des toiles de Picasso s'envole. Une richissime collectionneuse américaine inculte des choses de l'art (ce n'est pas incompatible et même assez fréquent) visite l'atelier de l'artiste. Elle marche à pas lents, examine d'un regard terne chaque toile du haut de son insuffisance, s'arrête pour effectuer un subtil mouvement de tête nonchalant, revient en arrière avec un air pénétré de vanité puis, finalement, se plante devant l'une des œuvres cubistes de Picasso. Intriguée, la rombière emperlée se tourne vers Pablo. La collectionneuse désigne la toile d'un vigoureux coup de menton :
« Et celle-là, ça représente quoi ?
– Deux cent mille dollars. »

Ressemblance

Entre 1904 et 1909, Picasso s'installe au Bateau-Lavoir, haut lieu d'effervescence créatrice situé à Montmartre. Habitent ici de nombreux artistes comme Max Jacob, Van Dongen et Pierre Reverdy. D'autres le fréquentent assidûment, tels Guillaume Apollinaire, Marie Laurencin, Maurice de Vlaminck, Raoul Dufy et Gertrude Stein.
Poétesse, dramaturge et féministe américaine née à Pittsburgh en 1874, Gertrude Stein arrive à Paris en 1902. Elle se lie d'amitié avec Picasso et soutient le mouvement cubiste qu'elle contribuera plus tard à diffuser dans toute l'Europe par le biais de confé-

rences. Dans la tradition des salons de XVIIIe siècle, son appartement de la rue de Fleurus devient alors un lieu de rencontres pour les artistes d'avant-garde de l'époque.

En 1906, Pablo décide donc de peindre le portrait de son amie Gertrude. S'ensuivent d'interminables séances de pose parfois orageuses. Picasso avouera plus tard qu'il avait beaucoup de difficultés à cerner cette femme dotée d'un caractère bien trempé. Au bout de quatre-vingts séances, Picasso renonce. D'un geste impulsif, il efface ses derniers coups de pinceau à l'aide de son chiffon et laisse un visage brouillé sur la toile.

Plusieurs mois plus tard, à la suite de la visite d'une exposition de sculptures d'art primitif, Picasso reprend son portrait de Gertrude. Sans demander à l'impétueuse féministe de nouvelles séances de pose. Déjà porteur des premières touches du cubisme naissant (*Les Demoiselles d'Avignon* arrivent l'année suivante), le tableau plut à Gertrude. Mais assez peu à leurs amis du Bateau-Lavoir. Et quand l'un d'eux s'étonnait :

« Ce portrait ne lui ressemble pas.

– Vous verrez, elle finira par lui ressembler. »

Cadeau

Plusieurs années après le célèbre épisode de la réalisation du portrait de Gertrude Stein, le collectionneur Albert Barnes demande à la féministe rebelle combien elle a payé son propre portrait. « Mais rien du tout ! » Et d'ajouter, offusquée : « Pablo me l'a offert. » En racontant la scène à Picasso, l'artiste fait remarquer à son amie avec une pointe de cynisme : « Pour moi, à cette époque-là, la différence entre un cadeau et une vente était négligeable. »

Impartialité

Dans le salon littéraire de Gertrude Stein, rue de Fleurus, la fine fleur de l'art avant-gardiste se retrouvait volontiers. Pour refaire le monde, disserter, élaborer des projets, voire monter quelques affaires touchant à la promotion d'œuvres d'art. Et même, pendant la Première Guerre mondiale, pour organiser des réseaux d'entraide. En effet, Gertrude Stein et Alice B. Toklas (la compagne qui partagea sa vie de 1909 à 1946) participèrent à l'approvisionnement des hôpitaux de campagne et au transport des blessés avec leur propre voiture.
Un jour, Picasso récite quelques-uns de ses poèmes dans le salon de Gertrude. La notoriété de Pablo se résume alors à la fidélité sincère de ses amis du Bateau-Lavoir. S'ils admirent l'incontestable inventivité du peintre, ils semblent plutôt réservés sur ses réels talents de poète. L'amie Gertrude sourit et se lève dans un silence pesant. Elle se place derrière Pablo et lui pose la main, gentiment mais fermement, sur l'épaule : « Merci, cher Pablo. Maintenant, tu rentres à l'atelier et tu peins ! »

Colombe

Un collectionneur allemand qui a déjà acheté de nombreux tableaux de Picasso lui rend visite dans son atelier en vue d'acquérir de nouvelles pièces. Fidèle à l'œuvre de Picasso, l'homme apprécie réellement le travail de l'artiste. Mais il se permet enfin de lui dire qu'il ne comprend pas l'un de ses tableaux.

« Lequel ? demande Pablo.

– Votre célèbre *Colombe*. Pour moi, elle est si simple... si primitive. Je ne saisis pas votre propos.

– Monsieur, comprenez-vous le chinois ?

– Non, pas du tout !

– Six cents millions de gens le comprennent. »

Cette fameuse *Colombe* avait été créée en 1949 pour l'affiche du mouvement de la paix.

Pablo Picasso a aussi dit :

L'art est un mensonge qui nous permet de dévoiler la vérité.

C'est dangereux, le succès. On commence à se copier soi-même et se copier soi-même est plus dangereux que de copier les autres.

Je ne peins pas ce que je vois, je peins ce que je pense.

Certains peintres transforment le soleil en un point jaune. D'autres, à l'aide de leur art et de leur intelligence, transforment un point jaune en soleil.

Un tableau était une somme d'additions. Chez moi, un tableau est une somme de destructions.

On devient jeune à soixante ans. Malheureusement, c'est trop tard.

Un tableau ne vit que par celui qui le regarde.

EDGAR ALLAN POE
(1809-1849)
Poète américain

Règlement

Traduit en français (entre 1852 et 1865) par Charles Baudelaire (1821-1867), Edgar A. Poe devint surtout célèbre pour ses *Histoires extraordinaires*, dont l'imaginaire étrange et morbide a marqué le genre fantastique.
Né à Boston (Massachusetts), orphelin dès l'âge de deux ans, Edgar A. Poe est recueilli par un riche négociant de Virginie qui lui donne une éducation traditionnelle. Puis Edgar se fâche avec ce père adoptif et il intègre la célèbre école militaire de West Point, créée en 1802. Mais la rigueur de cet établissement prestigieux ne sied guère au tempérament du turbulent Edgar.
Un jour, pour une parade, il paraît avec son fusil sur l'épaule. Logique. Mais il est nu comme un ver et

porte pour seul uniforme une ceinture blanche et des gants. Il essaiera de plaider sa mauvaise foi en faisant remarquer à ses supérieurs que les instructions vestimentaires stipulaient : « Port exigé d'une ceinture blanche et de gants sous les armes. » En ce début de XIXe siècle, les institutions militaires élitistes manquaient déjà du sens de l'humour. Pour son plus grand bien, Edgar Allan Poe fut renvoyé de West Point.

Poème nécrologique

Edgar trouve alors refuge à Baltimore, chez une tante dont il épouse en 1836 la fille, Virginia, alors âgée de quatorze ans.

Il s'installe à Richmond. Il écrit des contes et de véhémentes critiques littéraires pour le *Southern Literary Messenger*. Puis il se fixe un temps à Philadelphie. Là, à partir de 1838, il collabore au *Burton's Gentleman's* et au *Graham's Magazine*. À cette époque, Edgar multiplie la publication de contes et récits : *La Chute de la maison Usher* (1839), *Double assassinat dans la rue Morgue* (1841), *Le Masque de la mort rouge* (1842), *Le Cœur révélateur, Le Chat noir, Le Scarabée d'or* (1843). Tous ces textes en font un indiscutable écrivain. Mais la virulence de ses articles de critique suscite l'hostilité de l'establishment littéraire qui refuse de reconnaître son talent, voire son génie poétique lorsqu'il faut évoquer un texte comme *Le Corbeau* (*The Raven,* 1845). Poème à la rythmique exceptionnelle qui lui vaut

une certaine renommée et lui permet de faire enfin publier ses *Contes (Tales)*.
Edgar se retire dans une espèce de retraite misérable après la mort de son épouse (1847), frappée par la tuberculose. Le déclin moral et physique, les abus de toutes sortes, de multiples et éphémères liaisons (confuses, inabouties ou rêvées) le conduisent vers une sorte de déchéance. Retrouvé inconscient au matin du 7 octobre 1849 à la porte d'une taverne de Baltimore, Edgar succombe des suites d'une crise de delirium tremens, rejoignant ainsi la cohorte des poètes damnés.
Le 9 octobre 1849 paraît une curieuse notice nécrologique dans *The New York Tribune* : « Edgar Allan Poe est mort. Il mourut à Baltimore avant-hier. Cette annonce en fera sursauter quelques-uns, mais bien peu auront du chagrin. Le poète était connu, personnellement ou de réputation, dans toute la région ; il avait de fidèles lecteurs en Angleterre et dans plusieurs pays d'Europe ; mais il n'avait pas d'amis ; on regrettera surtout que la littérature ait perdu l'une de ses plus brillantes, furtives et fantasques étoiles. » Ce faire-part en forme d'hommage grinçant a été attribué à son exécuteur testamentaire, Rufus Wilmot Griswold.

Collecte
Edgar A. Poe allait souvent de journal en magazine quémandant une place pour l'un de ses textes.

Quand il propose son sublime poème *Le Corbeau* (1845) au *Graham's Magazine,* le directeur trouve Poe sombre, macabre et dépressif. Il refuse le texte, mais ouvre aussitôt une collecte pour soutenir l'écrivain. Résultat, Poe empoche dix dollars avec la quête, plus quinze dollars pour le texte, finalement publié dans *The New York Mirror.*

Ronald Reagan

(1911-2004)

Président des États-Unis (1981-1989)

Gauche

Au cours d'un dîner donné en l'honneur du chef de l'État français, François Mitterrand, les deux couples présidentiels saluent les invités qui défilent devant eux avant de pénétrer dans les salons de réception.

Quand ces fastidieuses mondanités s'achèvent, les quatre derniers personnages se rendent à leur table en respectant un protocole minutieusement orchestré. Nancy Reagan accompagne François Mitterrand vers une extrémité de la salle, tandis que le président américain doit conduire Danielle Mitterrand à l'opposé.

Un majordome leur fait alors signe d'avancer. Mais la Première dame de France de bronche pas. Comme paralysée, elle reste plantée au côté de son hôte.

« Nous sommes supposés nous rendre là-bas, de l'autre côté de la salle », finit par lui murmurer Ronald Reagan. Danielle Mitterrand tourne la tête et répond en français. Langue dont Reagan ne comprend pas le moindre mot.
Ce dialogue de sourds se répète une nouvelle fois, et Danielle Mitterrand semble agacée. Un interprète se précipite et débloque la situation. Il chuchote alors à l'oreille du président américain : « Vous marchez sur la robe de madame. »

Confiance
Le 30 mars 1981, soixante-neuf jours après le discours d'investiture de Ronald Reagan, un déséquilibré (John Hinckley) ouvre le feu sur le nouveau président des États-Unis. Posté devant l'hôtel Hilton de Washington, il tire à six reprises, touchant le porte-parole de la Maison-Blanche et deux policiers. Atteint à la poitrine, Ronald Reagan est transféré à l'hôpital.
Tandis que l'équipe de chirurgiens et d'infirmiers s'affaire afin de procéder à une intervention pour extraire la balle, Reagan montre un incontestable sens de l'humour et prouve une nouvelle fois qu'il possède un talent inné d'acteur de tragi-comédie. Sa réplique eût sonné à merveille dans un feuilleton télévisé populaire : « Je vous en prie, dites-moi que vous êtes tous républicains ! »

Leçon d'économie

Lorsque Reagan entre à la Maison-Blanche (1981), le pays est plongé dans une profonde crise de confiance : inflation record, chômage, faillites d'entreprises, incapacité de Jimmy Carter à résoudre l'affaire des otages américains détenus en Iran, etc. Jimmy Carter, prédécesseur de Reagan à la Maison-Blanche entre 1977 et 1981, le reconnaît clairement dans un discours daté de juillet 1979 : « Je souhaite maintenant vous parler d'une menace fondamentale qui pèse sur la démocratie de notre pays. [...] Il s'agit d'une crise de confiance. Il s'agit d'une crise qui frappe la volonté de notre nation en son sein même, en son âme et en son esprit. [...] »

Face à ce constat qui sonne comme un aveu d'impuissance, le programme de Reagan repose sur des idées simplistes, ce que d'aucuns appelleront la *Reaganomics* : réduction des impôts, réduction de l'interventionnisme d'État, déréglementation du droit des sociétés, augmentation des dépenses militaires exigées par le déploiement des missiles Pershing II en Allemagne et par le programme « Initiative de défense stratégique » (IDS), connu sous le nom de « guerre des étoiles ». Le tout sans se soucier de l'augmentation du déficit budgétaire. Pendant la campagne de 1980, on voit les partisans de Reagan brandir des pancartes, là encore fort simplistes, pour contrer la soi-disant inexpérience politique de leur candidat, pourtant élu gouverneur

de Californie quinze ans plus tôt : « On avait un clown... Alors, pourquoi pas un acteur ? »
Et, dans cet étrange contexte, l'ancien second rôle de westerns médiocres va tirer les marrons du feu. Un jour, il répond aux critiques qui s'élèvent face à son projet économique en avançant une formule digne d'un dialogue de film : « La dépression, c'est lorsque vous n'avez pas de travail. La récession, c'est quand votre voisin n'a pas de travail. Et la reprise, c'est quand Jimmy Carter n'a plus de travail. »

Nègre

En 1990, l'éditeur américain Simon & Schuster publie une autobiographie de 726 pages signée Ronald Reagan et intitulée *Ronald Reagan : An American Life.* Peu de temps après la sortie de l'ouvrage, Reagan lance : « J'ai entendu parler de ce livre fantastique ! Il faut que je le lise un de ces jours. »
Ce que d'aucuns pouvaient prendre pour une boutade illustre une pitoyable vérité. Dans un excellent article du *Washington Post* (31 mars 2002) consacré aux célébrités qui n'écrivent pas une seule ligne de leur ouvrage, l'avocat Gregory Baruch raconte que le livre signé Reagan fut rédigé par un nègre, l'écrivain Robert Lindsey. Ce que les Américains appellent joliment un *ghostwriter* (écrivain fantôme). Reagan disait donc la vérité.

“

Ronald Reagan a aussi dit :
Un communiste, c'est quelqu'un qui lit Marx et Lénine. Un anticommuniste, c'est quelqu'un qui a compris Marx et Lénine.

On a dit qu'homme politique était le deuxième plus vieux métier du monde. Je lui trouve cependant beaucoup de ressemblances avec le plus vieux métier du monde.

L'État n'est pas la solution à nos problèmes. L'État est le *problème.*

Jules Renard
(1864-1910)
Écrivain français

Communication
Jules Renard se voulait un chasseur d'images. Et il donna du monde une interprétation parfois poétique, par exemple dans *Histoires naturelles* (1896), où l'on retrouve la présence de son cher Morvan. Mais Jules fut aussi l'auteur de récits réalistes comme *L'Écornifleur* (1892) et *Poil de carotte* (1894), dans lesquels pointe une tendre ironie. Enfin, il sera caustique

et virulent, dans ses pièces de théâtre et, surtout, dans son *Journal* (1925).
Entre 1881 et 1910, l'année de sa mort, Jules Renard réside le plus souvent à Paris, mais il séjourne régulièrement dans la Nièvre. Attaché à cette région qu'il surnomme sa « petite patrie », Jules sera élu conseiller municipal de Chaumont (1889), puis maire de Chitry-les-Mines (1904), commune dans laquelle ses parents s'installèrent en 1866.
Lorsqu'ils se sont connus au tournant du XXe siècle, son ami Léon Blum (1872-1950) était alors critique littéraire et auteur d'essais. Il dira plus tard de Jules Renard : « Il parlait très peu à son fils Fantec [Jean-François, né en 1889]. Ce dernier avait une nature très différente de la sienne, de sorte qu'il ne pouvait y avoir entre eux aucune communication. Jules n'avait pas davantage parlé avec son père. Mais là, c'est parce qu'il y avait entre eux une identité de nature qui rendait toute communication inutile. »

Réponse
Chaque fois qu'il recevait un livre dédicacé, Jules Renard répondait aussitôt en adressant à l'auteur une lettre d'éloges. L'un de ses amis s'étonnait qu'il agisse ainsi, sans même avoir lu l'ouvrage. « Ce n'est pas bien grave, je le lis après en essayant de trouver des justifications à ma lettre. »

"

Jules Renard a aussi dit :

Le métier d'écrivain est quand même le seul où l'on peut, sans peur du ridicule, ne pas gagner d'argent.

Chacun trouve son plaisir où il le prend.

Je n'ai jamais eu la chance de rater un train auquel il soit arrivé un accident.

Un homme de lettres ne doit être qu'un homme de lettres. Tout le reste est littérature.

Si l'argent ne fait pas le bonheur, rendez-le !

Quand je donne un billet de cent francs, je donne le plus sale.

Le cheval est le seul animal dans lequel on puisse planter des clous.

Écrire, c'est le moyen de parler sans être interrompu.

Franklin Delano Roosevelt
(1882-1945)
Président des États-Unis (1933-1945)

Synthétique

Seul président des États-Unis élu quatre fois (1933, 1937, 1941 et 1945), Franklin Delano Roosevelt s'inscrit au barreau de l'État de New York après des études sans relief particulier à l'université d'Harvard. Pourtant, le métier d'avocat ne le passionne guère. Un jour qu'il doit défendre un client dans une affaire complexe, il affronte un prestigieux confrère qui se lance dans une étincelante plaidoirie. Le jeune et inexpérimenté Franklin prend des notes et se demande bien comment il va pouvoir s'en sortir. D'autant que la fatigue se fait sentir et que le jury commence à relâcher son attention.

Vient son tour. Franklin Delano Roosevelt se lève : « Vous avez écouté mon distingué confrère. Un brillant orateur. Si vous le croyez et que vous refusez l'évidence, vous devez lui donner raison. C'est tout ce que j'ai à dire. » Après une rapide délibération du jury, le client de Roosevelt fut acquitté.

Sage

En 1921, Franklin D. Roosevelt contracte une poliomyélite qui le laisse partiellement paralysé. Il doit réapprendre à marcher et gardera toute sa vie des séquelles de la maladie. Il devra même parfois se déplacer en fauteuil roulant. Mais il mettra un point d'honneur à ne pas utiliser de canne ou de béquilles en public, surtout s'il a à prononcer un discours. Vers la fin de son troisième mandat, en pleine Seconde Guerre mondiale, l'un de ses collaborateurs s'étonne qu'il sache toujours garder un parfait sang-froid face aux innombrables décisions qu'il doit prendre. Alors, Roosevelt répond calmement : « Vous savez, quand on passe deux ans au fond d'un lit à essayer de remuer le gros orteil, après, les choses paraissent beaucoup plus faciles ! »

Nouvelle donne

Élu gouverneur de l'État de New York pendant la terrible dépression économique de 1929, Roosevelt obtient l'investiture démocrate pour l'élection présidentielle de 1932. Entouré de brillants conseillers issus du monde universitaire (Raymond Moley, Rexford Tugwell, Adolf Berle), Roosevelt l'emporte facilement (57,4 % du vote populaire) face au président sortant, Herbert Hoover.

Franklin D. Roosevelt utilise pour la première fois la célèbre expression *New Deal* dans son discours d'investiture du 2 juillet 1932, à Chicago : « *I pledge you, I pledge mysef, to a new deal for the American people* ». (« Je fais serment devant vous d'offrir une nouvelle donne au peuple américain »).

Les trois premiers mois de la présidence de Franklin D. Roosevelt sont marqués par une série de mesures d'urgence. Le *New Deal* est sur toutes les lèvres, comme il l'a été pendant la campagne. Pourtant, ni Samuel Rosenman (la plume des discours de Roosevelt), ni les managers de la campagne, ni Roosevelt lui-même n'ont mesuré l'impact potentiel de cette formule. Tous en étaient encore à chercher un slogan. Mais la presse s'empare aussitôt de l'expression qui devient une sorte de cri de ralliement. Au lendemain du discours d'investiture, le dessinateur et caricaturiste Rollin Kirby montre un paysan qui regarde s'envoler un avion portant l'inscription « *New Deal* ».

Radio

En ce début des années trente, la radio connaît un essor considérable. Le premier poste de radiodiffusion est entré en service à Pittsburgh (Pennsylvanie) en 1920. Et les stations font déjà preuve d'inventivité pour proposer à leurs auditeurs des émissions politiques, de la musique et des résultats sportifs. Franklin Delano Roosevelt comprend aussitôt l'intérêt qu'il peut tirer de ce nouvel outil de communication de masse (comme d'autres le feront quelques années plus tard avec l'avènement de la télévision). Aussi décide-t-il d'inaugurer une forme inédite de lien avec le peuple américain en proposant des conversations radiophoniques « au coin du feu ». Roosevelt y explique ses choix avec simplicité et conviction. Il redonne confiance aux Américains qui ne manquent jamais l'une de ses interventions, comme le raconte fort bien le romancier Saul Bellow (1915-2005), prix Nobel de littérature en 1976. Dans un texte, il évoque une chaude soirée d'été. Et tandis qu'il descend une rue de Chicago, il voit des familles entières assises autour de leurs tables de cuisine en train d'écouter religieusement les causeries au coin du feu de Roosevelt. Et Bellow précise : « Sous les arbres, les conducteurs ont rangé leurs véhicules pare-chocs contre pare-chocs, et ils écoutent Roosevelt à la radio. Ils ont descendu les vitres et ouvert les portes des voitures. Partout la même voix. Tout au long de votre petite promenade, vous pouviez suivre l'émission sans rater le moindre mot. »

Égrillard

Romancière féministe de renom et militante de la première heure aux côtés d'associations qui luttent alors contre la discrimination raciale, Fannie Hurst (1889-1968) entre un jour à l'improviste dans le bureau de son ami Franklin Delano Roosevelt pour lui faire admirer sa nouvelle silhouette. Le président jette un regard oblique et, d'un geste ample du bras, lui demande de tourner sur elle-même. Fannie s'exécute, trop heureuse de faire admirer au président les résultats de son régime alimentaire drastique. Roosevelt laisse alors tomber cet égrillard commentaire : « Admirable ! La Hurst a changé, mais c'est toujours le même vieux cul ! »

Pour apprécier le jeu de mots, il faut savoir que le mot « cul » peut se traduire en anglais par *fanny*. Roosevelt a donc dit : « *The Hurst may have changed, but it's the same old fanny.* » Avec une ambiguïté de taille sur le dernier mot...

Pragmatique

Le trente-deuxième président des États-Unis appréciait la lecture de bons romans policiers. Chaque soir, il aimait à lire quelques pages de son livre de chevet avant de s'endormir. Un jour, Franklin D. Roosevelt commente cette habitude : « Vous savez, lorsque l'on arrive à la dernière page d'un roman policier, dans la période difficile que connaît notre monde d'aujourd'hui, c'est très apaisant de se dire qu'une affaire a enfin été réglée. »

Ennuis

Malgré l'âge et la fatigue, Roosevelt engage une dernière campagne électorale en demandant au peuple américain de ne pas changer de guide au milieu du gué. Écouté, il est une nouvelle fois élu en novembre 1944 pour un quatrième mandat successif avec près de 54 % du vote populaire. Et malgré la fatigue, Roosevelt assiste à la conférence de Yalta (Crimée) entre le 4 et le 11 février 1945.
Les chefs d'État des trois grandes puissances alliées (le Premier ministre britannique, Winston Churchill ; le président des États-Unis, Franklin Delano

Roosevelt ; le dirigeant soviétique, Joseph Staline) définissent les stratégies à adopter dans l'ultime phase de la Seconde Guerre mondiale. Les discussions portent sur les conditions de la capitulation allemande, sur le remaniement de l'Europe au lendemain de la guerre et sur la mise en place d'une organisation pour le maintien de la paix.
La conférence de Yalta sera le dernier grand rendez-vous de Roosevelt avec l'Histoire. Le 12 avril 1945, le président américain meurt d'une hémorragie cérébrale alors qu'il prend quelques jours de repos à Warm Springs (Géorgie). Reçu le jour même par Eleanor Roosevelt (1884-1962) à la Maison-Blanche, le vice-président, Harry Truman, devient le trente-troisième président des États-Unis.
Intimidé et ému, Truman demande à Eleanor : « Madame, est-ce que je peux faire quelque chose pour vous ? » Impassible, elle répond : « Je dirais plutôt : est-ce que *nous* pouvons faire quelque chose pour vous ? Car, à partir de maintenant, vous êtes celui qui aura des ennuis ! »
Féministe, conseillère écoutée de son mari (elle prit une part active dans l'élaboration et l'application du *New Deal*) et engagée de la première heure dans les mouvements qui combattent la ségrégation raciale, Eleanor Roosevelt jouera un rôle déterminant dans la création de l'Organisation des Nations unies (Onu).

"

Franklin Delano Roosevelt a aussi dit :
Le bonheur réside dans la joie de la réussite et dans le frisson de l'effort.

La seule limite à nos réalisations de demain sont nos doutes d'aujourd'hui.

Nous ne pouvons pas sans cesse construire un avenir à notre jeunesse, mais nous pouvons éduquer notre jeunesse pour qu'elle bâtisse l'avenir.

Quelques conseils pour parler en public : soyez sincère, soyez bref, restez assis.

La preuve de notre progrès n'est pas de savoir si nous avons accumulé davantage de richesses que ceux qui ont déjà beaucoup, mais de savoir si nous avons apporté assez à ceux qui ont trop peu.

Les hommes ne sont pas prisonniers de leur destin, mais seulement prisonniers de leurs opinions.

THEODORE ROOSEVELT

(1858-1919)
Président des États-Unis (1901-1909).
Prix Nobel de la paix (1906)

Anonyme

Élu président des États-Unis en novembre 1896, William McKinley obtient facilement un second mandat en 1900. Mais le 6 septembre 1901, il tombe sous les balles d'un anarchiste. Conformément à la Constitution, son vice-président, Theodore Roosevelt, lui succède. Il n'a que quarante-deux ans.
Roosevelt n'est que vice-président lorsqu'il doit un jour évacuer un hôtel en feu.
L'incendie est rapidement circonscrit mais, par mesure de sécurité, tous les occupants se retrouvent sur le trottoir en attendant les ordres des autorités. Roosevelt s'impatiente, force un modeste barrage et veut regagner sa chambre. Un policier l'interrompt :
« Qui êtes-vous, monsieur ?
– Je suis le vice-président.
– Parfait, entrez ! »
Theodore Rossevelt grimpe l'escalier, accompagné par un employé qui a entendu la conversation. Mais, voyant que Roosevelt s'apprête à entrer dans une chambre, l'homme s'interpose :
« Mais vous êtes le vice-président de quoi ?
– Des États-Unis !

– Désolé, monsieur, retournez immédiatement dehors. Je pensais que vous étiez le vice-président de l'hôtel. »

Piégé

Retiré en 1884 dans une ferme du Dakota du Nord, Roosevelt tente d'oublier une double tragédie : d'une part, la mort de sa mère ; d'autre part, le décès de sa femme qui accouchait de leur fille. Theodore mène alors une vie de cow-boy, de pionnier et d'éleveur. En 1898, il devient gouverneur de l'État de New York, puis président des États-Unis en 1901.

Véritable force de la nature, le républicain Roosevelt ne recule pas devant le débat. Ainsi, au cours d'un discours qui ponctue une tournée électorale, un contradicteur virulent interrompt le populaire Teddy : « Moi, je suis démocrate ! » Sans se démonter, Roosevelt accepte le dialogue :

« Puis-je vous demander pourquoi vous êtes démocrate ?

– Mon grand-père était démocrate, mon père était démocrate et je suis démocrate ! »

Roosevelt s'imagine qu'il va alors porter l'estocade : « Mon ami, supposez que votre grand-père ait été un crétin, que votre père ait été un crétin, que seriez-vous aujourd'hui ?

– Républicain ! »

Diplomate

Dès qu'il remplace le président William McKinley, en septembre 1901, Theodore Roosevelt donne à la politique étrangère américaine une réelle dimension internationale qui sort le pays de sa tradition isolationniste. Roosevelt va ainsi jouer un rôle de premier plan dans le règlement du conflit armé (1904-1905) qui oppose la Russie et le Japon dans leur volonté d'expansion territoriale en Asie orientale.
Maîtres de la mer dès le début de la guerre, les Japonais confirment leur suprématie lors des batailles navales d'août 1904 qui bloquent la plupart des navires russes à Port Arthur. Puis la flotte russe est interceptée et anéantie au détroit de Tsushima en mai 1905. Japonais et Russes acceptent alors l'offre de médiation du président Roosevelt. De délicates négociations s'engagent. L'occasion rêvée pour le populaire Teddy d'appliquer sa devise : « Parler avec douceur et s'armer d'un gros bâton. » Mais les choses traînent un peu et l'opinion américaine commence à trouver le temps long.
Roosevelt opte alors pour la stratégie de diversion. Il décide de monter à bord du petit sous-marin *Plunger,* basé à Long Island. Les submersibles sortent à peine des cartons de leurs inventeurs et l'initiative de Teddy passionne les journalistes. Le plus jeune président de l'histoire des États-Unis sera aussi le premier à plonger avec un sous-marin. Les énormes vagues médiatiques que génère cette affaire

engloutissent aussitôt le grondement sur la lenteur des négociations du conflit russo-japonais. Tous les journaux ne parlent plus que du séjour sous les eaux de leur valeureux président.
Le traité de paix entre Russes et Japonais sera signé le 5 septembre 1905 à Portsmouth (New Hampshire). Succès incontestable qui vaudra à Roosevelt d'obtenir le prix Nobel de la paix 1906.

Écologiste
Président réélu en novembre 1904 sous l'étiquette républicaine, Theodore Roosevelt prononce le 4 mars 1905 un discours d'investiture très court : moins de mille mots, ce qui correspond à environ quatre minutes de parole. De surcroît, jamais Theodore Roosevelt n'utilise le mot « je » dans ce discours !
Au cours de ses deux mandats, Teddy mène une politique mi-conservatrice, mi-progressiste. Mais il ne se représente pas pour un troisième mandat (ce que permet alors la Constitution) et soutient William Howard Taft, qui lui succède en 1909. Teddy se brouille ensuite avec Taft. Devenu le candidat du parti progressiste, Roosevelt se présente à l'élection présidentielle de 1912, remportée par le démocrate Thomas Woodrow Wilson.
Pendant ses deux mandats, Theodore Roosevelt applique donc une politique qui ne fait pas l'unanimité chez les républicains. Ses idées sociales, sa

position affichée de défenseur de la lutte antitrust et ses courageuses décisions pour la protection de l'environnement désespèrent son propre parti. Écologiste de la première heure, Roosevelt avait même banni les sapins pour la fête de Noël à la Maison-Blanche.

Ce n'est pas le lieu ici d'ouvrir un improbable débat constructif sur l'écologie. Quoi qu'il en soit, le Roosevelt défenseur de l'environnement s'acco-quinait fort bien avec un certain Teddy, chasseur de grands fauves. Lorsqu'il quitte son poste en 1909, Roosevelt part pour un séjour de onze mois en Afrique. La légende veut qu'il tue alors trois cents animaux, dont neuf lions, cinq éléphants, treize rhinocéros et sept hippopotames.

“

Theodore Roosevelt a aussi dit :

Faites ce que vous pouvez, avec ce que vous avez, là où vous êtes.

Quand vous vous amusez, amusez-vous vraiment ; mais quand vous travaillez, ne vous amusez plus du tout.

Le patriotisme signifie que l'on soutient son pays. Cela ne signifie pas que l'on soutient le président.

Gioacchino Rossini
(1792-1868)
Compositeur italien

Beau joueur
Avec l'éclatant succès du *Barbier de Séville* (1816), Rossini acquiert une grande popularité à travers l'Europe. Sa carrière connaîtra par la suite des périodes plus ou moins fastes, alors que le musicien compose pourtant abondamment et, surtout, avec une déconcertante facilité qui impressionne tous les spécialistes. Certains pensent d'ailleurs que Rossini fut finalement victime de cette trop grande facilité qu'il entretenait bien volontiers avec coquetterie dès que l'occasion se présentait.
Un jour, l'un de ses amis entre dans la pièce de travail du compositeur et le courant d'air projette sur le sol une vingtaine de feuillets couverts de notes. Le visiteur se précipite, s'agenouille et tente de réparer sa bévue. Non sans difficulté dès qu'il faut retrouver l'ordre des feuillets.
Alors Rossini lui lance : « Laissez donc, cher ami, j'aurai plus tôt fait de tout récrire. »

Sens inverse
Un ami qui rend visite à Rossini se montre très surpris de trouver sur le piano une partition de *Tannhäuser*, un opéra de Richard Wagner qui connut à Paris un échec retentissant en 1861, malgré le

chaleureux soutien de Baudelaire, Saint-Saëns, Gounod et Barbey d'Aurevilly.
Le visiteur de Rossini exprime clairement son étonnement lorsqu'il découvre, de surcroît, que ladite partition est placée à l'envers. Et tandis qu'il s'avance vers le piano pour remettre les portées à l'endroit, Rossini l'arrête : « N'en faites rien ! J'ai déjà essayé de jouer *Tannhäuser* dans le bon sens, mais sans rien en tirer. Je trouve que cette mélodie sonne beaucoup mieux quand on commence par la fin. »

Fausse note

Un jour qu'il dirige les répétitions d'une future représentation de l'une de ses œuvres, Rossini remarque les fausses notes d'un trompettiste. Un peu soupe au lait, il interrompt le mouvement et fulmine. « Que signifient donc ces dérapages inacceptables ? » s'emporte-t-il en balayant l'orchestre d'un regard circulaire qui s'arrête pesamment sur le fautif. « Ah !... », soupire-t-il. Puis d'ajouter, furieux : « Remballez donc votre trompette et rentrez à la maison ! Je vous rejoindrai plus tard. »
Le trompettiste en question ? Le propre père de Rossini.

Joseph Isidore Samson

(1793-1871)

Acteur français

Sommeil

Sociétaire du Théâtre-Français, Joseph Isidore Samson fut aussi professeur au Conservatoire national supérieur d'art dramatique de Paris. Outré de l'avoir vu s'assoupir lors d'une séance de lecture, un jeune auteur courageux s'approche du comédien confirmé et lui reproche son manque de tenue dans la maison de Molière. Et Samson rétorque sans sourciller : « Jeune homme, sachez que le sommeil est une opinion ! »

GEORGE BERNARD SHAW

(1856-1950)
Écrivain et dramaturge irlandais.
Prix Nobel de littérature (1925)

Modestie

Pamphlétaire indigné par toutes les injustices, George Bernard Shaw fut l'un des membres les plus actifs de la Société fabienne, un club de pensée socialiste fondé en 1884 par des intellectuels britanniques issus des classes moyennes. Ce groupe attira de nombreuses personnalités de l'Angleterre victorienne. George Bernard Shaw rédigea le manifeste de la Fabian Society et fut un fervent propagandiste de ses idées.

Prix Nobel de littérature en 1925, George Bernard Shaw combat avec virulence le conformisme social des Britanniques. Il dénonce le capitalisme (*L'argent n'a pas d'odeur*, 1892), s'attaque à la puissance des marchands de canons (*Commandant Barbara*, 1905) et dénigre l'héroïsme militaire (*Le Héros et le Soldat*, 1894). Dans son œuvre, les satires sociales se mêlent à la comédie. Comme dans *Pygmalion* (1912), adapté sous la forme d'une comédie musicale (1956) puis porté à l'écran par George Cukor (1899-1983) sous le titre *My Fair Lady* (1964).

Celui qui a renouvelé l'art dramatique anglais devient une véritable star. Mais il sait garder la distance qui convient. Pour preuve. À Broadway, le metteur en scène de sa grande fresque historique *César et Cléopâtre* (1901) tient à présenter son fils à l'auteur de la pièce. Shaw accepte. L'adolescent et le dramaturge échangent quelques mots. Puis George Bernard lui dit : « Jeune homme, vous avez voulu me rencontrer. J'en suis flatté. Mais lorsque vous direz à vos petits-enfants que vous avez rencontré Shaw, ils vous rétorqueront : "Qui c'est, celui-là ?" » Sur ce point précis, l'auteur de *L'Homme et le Surhomme* (1903) avait tort. Plus d'un demi-siècle après sa mort, ses pièces sont abondamment jouées à travers le monde.

Dernier rire

Vers la fin de sa vie, Shaw affirmait « n'avoir rien à dire qu'[il] n'ai[t] écrit ». Une façon d'éloigner les importuns à l'affût d'un trait d'esprit exclusif. Shaw ajoutait : « Lisez mes livres et laissez-moi mourir en paix. » Ce qu'il fit à l'âge de quatre-vingt-quatorze ans, non sans avoir jeté un ultime clin d'œil.

Nancy Astor (1879-1964) se trouvait aux côtés de Shaw lorsqu'il prononça ses derniers mots. Le témoin, première femme à siéger à la Chambre des communes, où elle défendit avec vaillance (jusqu'en 1945) la condition féminine et les droits des enfants, est tout à fait digne de foi.

Nancy est assise sur le rebord du lit de mort du dramaturge. Shaw peine à trouver ses dernières respirations. Cependant, il se redresse sur les coudes et interpelle son amie : « Nancy, connaissez-vous

l'histoire du mari d'Adelina Patti [cantatrice italienne, 1843-1919] ? Ils donnent une soirée dans leur maison de campagne. Les invités affluent et la fête bat son plein. Soudain, le mari d'Adelina descend l'escalier en hurlant : “Vous devez tous partir ! Je viens de trouver un homme dans le lit de ma femme.” Consternés, les convives s'exécutent en murmurant. Mais le mari trompé réapparaît. “Revenez, revenez ! Vous pouvez rester. Il vient de s'excuser.” »
Et George Bernard Shaw s'éteignit.

Mérite
L'administration britannique propose d'attribuer à George Bernard Shaw le prestigieux ordre du Mérite. Comme chacun pouvait s'y attendre, le dramaturge rebelle refuse l'illustre distinction. Sans toutefois s'interdire ce commentaire sarcastique : « Cette proposition est tout à fait superflue. Il y a longtemps que je me suis accordé à moi-même cet honneur. »

Art et argent
En 1922, la Goldwyn Pictures Corporation, la Metro Pictures et la Mayer Pictures fusionnent pour donner naissance à la célèbre Metro Goldwyn Mayer (MGM). La production cinématographique commence à se structurer.
Peu de temps après cette fusion, la MGM tente d'acheter les droits d'œuvres existantes. Et elle

lorgne sur les pièces de théâtre de George Bernard Shaw.

Des négociations s'engagent. Mais elles achoppent sur l'épineuse difficulté de la rémunération des droits. Irrité par la tournure que prennent les événements, l'un des responsables du studio croit emporter la mise en jouant sur le registre de la flagornerie. Il décide de rencontrer Shaw et lui parle pendant des heures de son génie. Amusé, le dramaturge écoute les propos louangeurs de son hôte, qui parle avec emphase de la qualité et de la subtilité de son œuvre pour convaincre l'écrivain d'enfin signer le contrat.

À l'issue de ce monologue flatteur, George Bernard décide de ne pas vendre ses droits à la MGM. Et il s'en explique froidement : « Voyez-vous, monsieur, vous ne me parlez que de style et de talent. Vous ne vous intéressez qu'à l'art, tandis que moi, je ne m'intéresse qu'à l'argent. »

Végétarien

Vers 1885, George Bernard Shaw se convertit à la nourriture végétarienne et il s'abstient de boire tout alcool et de fumer. Parallèlement, le dramaturge en herbe connaît les débuts prometteurs d'une ascension littéraire qu'il conjugue avec le militantisme politique aux côtés de la Société fabienne.

Quelques années plus tard, une association veut s'attacher la participation de l'écrivain et elle le convie à une sorte de congrès auquel Shaw tient à échapper. Comme souvent, il s'en tire par une pirouette. Ayant remarqué que le menu est végétarien, George Bernard explique son refus aux organisateurs médusés : « La seule pensée d'entendre deux mille végétariens croquer en même temps du céleri m'horrifie. »

Négociation

Au cours d'un dîner, George Bernard Shaw se retrouve assis au côté d'une aguichante jeune femme dont les formes généreuses ne laissent pas indifférent le dramaturge. Mais lassé de voir la gourgandine minauder plus qu'il ne faut, l'écrivain lui demande :

« Madame, coucheriez-vous avec moi pour mille livres ?

– Bien sûr que non, répond aussitôt l'enjôleuse d'un air faussement indigné.

– Alors, coucheriez-vous avec moi pour dix mille livres ? renchérit Shaw.

– Non, je ne pourrais pas, s'offusque encore l'affriolante séductrice, le rouge aux joues.

– Et si je vous offre cinquante mille livres ? »

Cette fois, la coquette marque un temps. Puis elle laisse tomber avec une moue évasive : « Peut-être ! »

Shaw savoure déjà l'estocade :

« Alors, madame, coucheriez-vous avec moi pour seulement cinq livres ?

– Mais enfin, monsieur Shaw, pour qui me prenez-vous ?
– Je vous prends pour ce que vous êtes. Maintenant que la chose est acquise, je me contente de négocier le prix. »

Contraste

Le grand corps dégingandé de George Bernard Shaw s'opposait à la corpulence massive et charnue de son confrère et ennemi intime, Gilbert Keith Chesterton (1874-1936). À la moindre occasion, les deux écrivains n'arrêtaient pas de s'asticoter, pour le plus grand bonheur des échotiers du temps. Un jour, lors d'un cocktail, Shaw lance à son collègue :
« Si j'étais aussi gros et gras que vous, je me pendrais !
– Cher ami, s'il me venait l'idée de me pendre, je vous choisirais pour corde ! »

Migraine

George Bernard Shaw pourchassait les médecins qui auraient pu découvrir un remède miracle contre la migraine dont il souffrait. Un jour qu'il se remet à peine d'une crise violente, il reçoit la visite de Fridtjof Nansen (1861-1930), prix Nobel de la paix en 1922, explorateur, scientifique et homme politique norvégien qui fut le premier ambassadeur de Norvège au Royaume-Uni (1906-1908).
Une discussion passionnée s'engage entre ces deux hommes d'une stature hors du commun. Soudain,

Shaw revient à ses soucis : « Avez-vous fait des recherches sur la migraine ? » demande-t-il subitement à Nansen, qui répond bien évidemment par la négative. « Alors, voilà bien une chose stupéfiante ! s'écrie le dramaturge. Vous perdez votre temps à essayer de découvrir le point exact du pôle Nord, ce dont tout le monde se fiche à travers le monde, et vous n'avez jamais essayé de trouver un remède à la migraine qui fait souffrir chacun de nous ! »

George Bernard Shaw a aussi dit :

Il y a deux sortes de savants : les spécialistes qui connaissent tout sur rien et les philosophes qui ne connaissent rien sur tout.

Je me cite souvent moi-même. Cela ajoute du piment à la conversation.

Courir après les femmes n'a jamais fait de mal à personne. C'est les rattraper qui est dangereux.

Les architectes dissimulent leurs erreurs sous du lierre, les médecins sous la terre et les cuisinières sous de la mayonnaise.

Quand on fait quelque chose, on a contre soi ceux qui voulaient le faire à votre place, ceux qui voulaient faire le contraire et ceux qui voulaient que l'on ne fasse rien du tout.

De nos jours, les soucis tuent davantage de monde que le travail.

Pour devenir un héros, il faut mourir au bon moment.

Les Américains et les Anglais sont deux peuples séparés par la même langue.

Pour un homme, le martyre est la seule façon de devenir célèbre sans disposer d'aucun talent.

Le patriotisme, c'est la conviction que son pays est supérieur aux autres parce qu'on y a vu le jour.

Si une lady dit : « Non », cela signifie : « Peut-être. » Si elle dit : « Peut-être », cela veut dire : « Oui. » Si elle dit : « Oui », ce n'est pas une lady.

IGOR STRAVINSKI
(1882-1971)
Compositeur russe

Triomphe
Disciple de Rimski-Korsakov (1844-1908), Igor Stravinski quitte définitivement la Russie en 1914. D'abord réfugié en Suisse, il se fixe en France entre 1919 et 1939 et acquiert la nationalité française.

Stravinski se trouve aux États-Unis lorsque éclate la Seconde Guerre mondiale, et il obtient la nationalité américaine en 1945.
Grâce à la rencontre de Diaghilev (alors directeur de la troupe des Ballets russes installés à Paris), Igor Stravinski connaît une gloire internationale qui ne le quittera plus. Ainsi enchaîne-t-il *L'Oiseau de feu* (1910), *Petrouchka* (1911), *Le Sacre du printemps* (1913) et un opéra, *Le Rossignol* (1914).
L'originalité des compositions de Stravinski en venait parfois à déconcerter ses plus fervents admirateurs. Par exemple, un danseur lui écrit un jour de New York : « Maître, le ballet remporte un immense succès. Mais si le pas de deux pouvait être accompagné par un violon à la place de la trompette, ce serait un triomphe. » Igor envoya sur-le-champ un télégramme : « Contentez-vous du succès. »

Whisky
Dans les années cinquante, tandis qu'il s'est fixé aux États-Unis, Stravinski mène une vie de star internationale. Il ne dédaigne pas les mondanités et se met à apprécier le bon scotch qu'il ne consomme pas toujours avec modération.
Conscient de ses excès, il déclare : « J'apprécie tellement le bon scotch que j'ai parfois l'impression de m'appeler Stra-whisky ! »

Cirque

En 1942, Igor Stravinski écrit une œuvre intitulée *Circus Polka*. Cette composition obtient un incontestable succès populaire et elle est réellement commandée par un cirque : le Ringling Brothers Barnum and Bailey Circus.
En effet, le directeur artistique du cirque en question a l'idée de créer un ballet... pour des éléphants. Et, sans se démonter, il se tourne vers le maître du genre. Un témoin de l'époque assiste alors à ce curieux dialogue entre les deux hommes :
« Je voudrais une polka !
– Pour qui ?
– Des éléphants !
– Quel âge ?
– Jeunes.
– D'accord, s'ils sont très jeunes, j'écris la polka ! »

Talent

Alors qu'il avait accepté d'écrire une polka pour des éléphants, Igor Stravinski refuse de composer une musique de film pour un producteur d'Hollywood qui lui offre quatre mille dollars. Vexé par cette réponse négative, le bonhomme revient à la charge en expliquant au musicien que l'un de ses confrères vient d'accepter la même somme d'argent pour un travail comparable.
Igor réplique : « Ce collègue a du talent. Moi, je n'en ai pas. Il me faut donc davantage de temps pour composer. »

Pressé

Un jour, Stravinski eut sur le dos un éditeur impatient qui se disait « pressé » de publier une nouvelle composition que le musicien avait quelques difficultés à achever. À bout de nerfs et d'arguments, Stravinski hurla : « Pressé, pressé ! Je ne suis jamais pressé. Je n'ai pas le temps d'être pressé ! »

Dans le même registre, à un producteur qui se plaignait de n'avoir reçu qu'une pièce originale « de quinze petites minutes » destinée à l'ouverture d'un festival, Igor répondit : « C'est trop court ? Jouez-la deux fois ! »

T

Charles de Talleyrand
(1754-1838)
Diplomate et homme politique français

Business
D'abord engagé dans la voie ecclésiastique (évêque d'Autun en 1788), Talleyrand devient député aux États généraux, ministre des Relations extérieures (1797-1807), puis ministre des Affaires étrangères de Louis XVIII (1815). Celui que d'aucuns surnommaient le « Diable boiteux », en raison d'un accident de jeunesse qui avait entamé son aptitude à marcher correctement, a servi la Révolution, le Directoire, l'Empire et la monarchie. Sans scrupule ni remords ! Soucieux de séduire les jolies femmes plutôt que de prêcher les rigueurs du dogme religieux, Talleyrand s'illustrera dans la diplomatie, autant par ses mots d'esprit que par sa roublardise.
Intime de Marie-Antoinette, Aimée Franquetot de Coigny épouse le duc de Fleury en 1784. En 1791, elle

devient la maîtresse du comte de Montrond. Les deux amants émigrent en Angleterre mais commettent l'erreur de revenir en France en 1793. Ils sont alors emprisonnés à la prison Saint-Lazare le 4 mars 1794. C'est là qu'Aimée inspire à André Chénier (incarcéré en même temps qu'elle) son ode célèbre, *La Jeune Captive*. Aimée et Montrond seront libérés le 3 octobre 1794 en échange d'une forte somme d'argent. Homme d'esprit ambitieux soupçonné d'intelligence avec les Anglais en 1809, Montrond va se lier avec Talleyrand. Quant à Aimée de Coigny, elle parviendra à persuader le diplomate claudiquant de se rallier à la monarchie en 1814. Autant dire que la duchesse connaît bien le bonhomme ! Et à un ami qui lui demande :

« Mais comment Talleyrand est-il devenu aussi riche ?

– Parce qu'il a passé sa vie à vendre ceux qui l'avaient acheté », réplique sans hésiter Aimée de Coigny.

Inversion

Talleyrand connaissait mieux que quiconque la nature humaine et il savait la manipuler avec doigté, comme peu de personnages publics ont su le faire dans l'Histoire. Ainsi, le prince de Bénévent semble avoir toujours maîtrisé les situations les plus délicates. Pour un tel personnage, les compliments de façade se conjuguent aux complots les plus sournois. Mensonges, chausse-trappes et revirements jalonnent son quotidien.

En fait, jamais Talleyrand ne fut dupe des honneurs et courbettes que chacun lui prodiguait, tandis que d'autres (ou les mêmes !) s'empressaient de conspirer à ses dépens.
Talleyrand maniait à merveille des jeux de missives dans lesquelles le destinataire se croyait au centre d'un secret d'État, voire le seul rempart possible face à telle intrigue, ou encore l'unique héros d'envergure susceptible de contrer une ignoble manigance. Un jour, Talleyrand se prend les pieds dans ce frivole divertissement : il inverse deux enveloppes aux courriers qu'il a rédigés. Talleyrand s'en rend compte. Trop tard ! Il s'en ouvre à un domestique, qui ne tient plus en place et imagine déjà les possibles conséquences de la prose de son maître placée sous le regard du mauvais interlocuteur. « Ne craignez rien. Cela n'a aucune importance. Ni l'un ni l'autre ne me croiront. »

“

Talleyrand a aussi dit :
La parole a été donnée à l'homme pour déguiser sa pensée.

Chateaubriand croit qu'il devient sourd parce qu'il n'entend plus parler de lui.

La politique a toujours été et sera toujours une certaine façon d'agiter le peuple avant de s'en servir.

MARGARET THATCHER
(1925-...)
Premier ministre britannique (1979-1990)

Accompagnement
Après une tardive réunion de travail au 10, Downing Street (la résidence des Premiers ministres britanniques), Margaret Thatcher se rend au restaurant en compagnie de quelques conseillers et ministres manifestement épuisés.
Le groupe vient à peine de s'installer que Margaret fait déjà signe au maître d'hôtel pour passer commande tandis que ses amis, la tête encore plongée dans le menu, semblent éprouver les pires difficultés à refaire surface, comme accablés par leur longue journée. La Dame de fer demande un steak bien cuit. Le garçon note consciencieusement :
« Et les légumes, madame ?
– Oh, ils prendront comme moi ! »

Toilette
Chacun se souvient que la célèbre *Iron Lady* n'accordait guère d'importance aux subtils raffinements de la mode et qu'elle ne goûtait pas les finesses enjôleuses d'élégantes toilettes.
Au cours d'une réunion de travail présidée par Margaret Thatcher, Norman St John-Stevas, leader de la Chambre des communes entre 1979 et 1981, se lève respectueusement en s'excusant :

« Je dois absolument partir, Margaret. Je vais ce soir au Covent Garden [célèbre opéra londonien].
– Restez donc où vous êtes, Norman, ordonne alors la Dame de fer. Moi aussi j'y vais.
– Certes, Margaret, répond aimablement Norman, un sourire malicieux au coin des lèvres. Mais il me faut plus de temps que vous pour me préparer ! »

Mark Twain

(1835-1910)
Romancier américain

Précurseur
Mark Twain fut le premier humoriste américain à avoir été reconnu comme un auteur à part entière. Ernest Hemingway (1899-1961) ne disait-il pas que « toute la littérature moderne découle de l'œuvre de Twain » ? Et tout spécialement de son célèbre ouvrage, *Les Aventures de Huckleberry Finn* (1884).
Pour la petite histoire, Mark Twain sera le tout premier écrivain dactylographe. Sortie des cartons de la firme Remington, la machine à écrire passe au stade industriel (1873) et elle séduit aussitôt l'auteur des *Aventures de Tom Sawyer* (1876). Pour la première fois dans l'histoire de la littérature mondiale, ce texte sera

remis à l'éditeur sous la forme d'un manuscrit tapé à la machine à écrire.

Adresse

Apprenti typographe, imprimeur ambulant dans les rues de New York et de Philadelphie, mais aussi chercheur d'or, Samuel Clemens opte pour le pseudonyme de Mark Twain en 1863, à l'issue d'un stage de batelier sur le Mississippi (*twain* était un terme employé dans la technique maritime pour signifier « deux brasses de fond »). En fait, Clemens va réussir dans le journalisme et il devient célèbre du jour au lendemain grâce à un conte intitulé *La Grenouille sauteuse de Calaveras* (1865).

En son temps, Mark Twain fut une immense idole. On dirait aujourd'hui une « star ». À la suite de ses succès littéraires, il se produit dans des tournées de conférences. Ces débats connaissent un retentissement exceptionnel à travers le pays et lui permettent d'ailleurs d'éponger quelques dettes contractées dans des investissements spéculatifs audacieux.

La célébrité vaut à Twain de recevoir un nombre incalculable de lettres d'admirateurs, ce dont il n'est pas peu fier. L'auteur s'efforce d'ailleurs d'y répondre avec humour. Apprend-on par la presse qu'il souffre d'arthrite ou de bronchite qu'il reçoit aussitôt les lettres de quantité de fans lui proposant des traitements naturels plus ou moins douteux.

Twain répond : « Merci pour vos conseils. J'en suis au remède n°87. Vous avez le n° 2653. Je ne manquerai pas de reprendre contact si j'obtiens des résultats satisfaisants. »
Mais le plus insolite réside dans le fait que Twain recevait des lettres sans adresse ! Se souvenant de son anniversaire, un groupe d'amis de New York veut lui envoyer un courrier, mais personne ne se souvient du nom de la rue. Ils écrivent alors sur l'enveloppe : « Mark Twain. Dieu sait où. » Quelques semaines plus tard, l'auteur de *La Vie sur le Mississippi* (1883) leur répond : « Il savait. »
Une fois l'anecdote connue, de gentils bravaches envoient des lettres avec l'adresse suivante : « Mark Twain. Le Diable sait où. » Imperturbable, l'écrivain répond : « Il savait aussi. » Selon d'éminents spécialistes de la littérature américaine et de l'œuvre de Twain, l'auteur a même reçu des courriers ainsi libellés : « Mark Twain. États-Unis. » Mais il y a plus fort : « Mark Twain. Le monde. » Sans oublier : « Mark Twain. Quelque part. » Et même un célèbre : « Mark Twain. N'importe où. »

Esbroufe

Mark Twain aimait à fanfaronner à propos de ses supposés exploits en matière de pêche ou de chasse. Plus par jeu que par souci de tromper ses interlocuteurs. Car, au fil du temps, personne ne croyait plus un traître mot de ses récits enflammés !

Tandis que Mark Twain rentre d'un voyage de quelques jours consacrés à la pêche dans les coins les plus reculés du Maine, il s'arrête dans une auberge. La saison est terminée depuis belle lurette, mais l'humoriste ne peut s'empêcher de se livrer à son péché mignon. Et plutôt que de rester discret sur ses récentes activités illicites, Twain engage un récit enthousiaste de ses prouesses le long des rivières du Maine. Les clients semblent apprécier les performances du maître et son talent de conteur. Toutefois, légèrement à l'écart, un inconnu l'écoute calmement. Mais l'œil sombre du bonhomme intrigue Twain : « Qui êtes-vous, cher monsieur ? s'enquiert-il courtoisement.
– Le garde-chasse de l'État... »
Alors Twain ne se démonte pas. Et, dans un silence glacial, il lance sur un ton jovial en s'approchant de lui : « Moi, je suis le plus grand menteur de tous les États-Unis ! » Les rires fusent et l'affaire en reste bien évidemment là. La scène plaît à Twain. Car, à compter de ce jour, lui-même et nombre de ses amis réutiliseront la formule qui colle parfaitement à l'image de ce sympathique hâbleur.

Épingles

Le jeune Samuel Clemens avait été impressionné par une légende populaire qui vantait les mérites de la précision et du sérieux qui mènent, comme il se doit, à la réussite. Un récit moralisateur digne d'en-

flammer parents et enfants dans une Amérique en pleine effervescence conquérante. En résumé, ce conte disait qu'un adolescent avait trouvé un travail parce que le patron d'une entreprise l'avait observé en train de ramasser des épingles jonchant le trottoir tout près de son bureau.
Samuel s'était mis en tête de se faire embaucher par une société située non loin du domicile de ses parents. Un soir, il jeta donc des épingles sous la fenêtre d'un des bureaux. Le lendemain matin, Samuel s'évertua à ramasser un à un ces minuscules morceaux de ferraille. Soudain, quelqu'un ouvre la fenêtre : « Mon patron vous demande d'aller jouer plus loin. Et arrêtez de croire à ces légendes idiotes. Vous dérangez les employés qui travaillent dans le bureau ! »

La blague de la bague
Mark Twain ne pouvait s'empêcher de fumer le cigare. En tout lieu, du matin jusqu'au soir, allant même jusqu'à fumer au lit. Épousée en 1870, Olivia Langdon tentera toute sa vie de mettre fin au vice inextinguible de son mari. En vain. Ses amis prétendaient que Twain fumait vingt-deux cigares par jour. Mais ils se targuaient de préférer la qualité à la quantité et ils insinuaient que l'écrivain n'achetait que de très mauvais cigares. Au point que certains venaient lui rendre visite avec leurs propres munitions plutôt que d'avoir à accepter une pièce

provenant de sa boîte. Agacé par cette attitude méprisante, l'auteur imagine alors un stratagème qu'il raconte lui-même dans un texte intitulé *Concerning Tobacco* (1891).
Un soir Mark Twain reçoit à souper une douzaine d'amis dans sa maison d'Hartford (Connecticut). L'un d'eux passe pour fumer les plus onéreux et les plus délicieux cigares de la région. Quelques jours auparavant, profitant de l'inattention de cet amateur éclairé, Mark lui a dérobé deux poignées de ses cigares réputés. Ensuite, Twain place dans sa boîte les cigares à la prestigieuse notoriété, mais en ayant pris soin de remplacer leurs élégantes bagues rouge et or par le très banal label de ses pièces habituelles.
À la fin du repas, Mark présente sa boîte. Moue des invités qui aperçoivent le signe distinctif de cette marque ordinaire que Twain s'évertue encore à offrir à de fidèles amis, de surcroît grands amateurs de tabac. Ils prennent un cigare, l'allument, puis ils prétextent la fatigue pour s'éclipser au plus vite.
Le lendemain matin, entre la porte de la maison et la barrière, tous les cigares de l'illustre marque, mais barrés d'une bague vulgaire, jonchaient le sol de l'allée.

Élégance

Au retour d'une visite chez une amie et voisine, Harriet Beecher Stowe, Olivia fait remarquer à son

mari qu'il a enfreint les règles les plus élémentaires de courtoisie et d'élégance en ne portant pas de cravate.
Quelques heures plus tard, Mme Stowe reçoit un paquet avec à l'intérieur une cravate noire et un petit mot de Mark Twain : « Voici une cravate. Regardez-la bien. J'ai dû rester chez vous une demi-heure ce matin. À l'issue de ce laps de temps, auriez-vous la gentillesse de me la retourner ? Je n'en ai qu'une seule. »

“

Mark Twain a aussi dit :
Mes livres sont de l'eau ; ceux des génies de la littérature sont du vin. Mais tout le monde boit de l'eau.

Ne remettez jamais au lendemain ce que vous pouvez faire le surlendemain.

Méfiez-vous des livres sur la santé. Vous pouvez mourir d'une coquille.

L'une des preuves de l'immortalité de l'âme est que des myriades de gens le croient. Ils ont aussi cru que la Terre était plate.

Ce fut admirable de découvrir l'Amérique. Mais ç'aurait été mieux de passer à côté.

Je n'aime pas l'idée d'avoir à choisir entre le paradis et l'enfer. J'ai des amis dans les deux.

Une bonne éducation consiste à concilier le grand bien que vous pensez de vous-même avec le peu de bien que vous pensez des autres.

Le lit est l'endroit le plus dangereux du monde. Quatre-vingt pour cent des gens y meurent.

À Paris, quand je leur parle français, les gens me regardent avec des yeux ronds. Je n'ai jamais réussi à obtenir que ces imbéciles comprennent leur propre langue.

Dans le mariage, la plus grande difficulté est de subvenir, avec un seul salaire, aux besoins de son épouse et à ceux de l'État.

V

Voltaire
(1694-1778)
Écrivain français

Compliments
Désinvolte, vaniteux, avide, vif, envieux et endiablé, François Marie Arouet, dit Voltaire, compose d'abord des textes épiques (1723-1728), puis des tragédies inspirées de Shakespeare (1732). Puis il mène une curieuse existence de châtelain bohème. Avec Louis XV (1710-1774), il se fâche, se réconcilie puis tombe en disgrâce. Appelé par Frédéric II de Prusse en 1750, le philosophe ne s'attire que de haineuses jalousies. Mais la vie de cour ne convient guère à cet ardent frondeur, qui se brouille avec le roi et doit quitter Berlin en 1753.
À partir de 1758, il s'installe à Ferney (Ain), aujourd'hui à la frontière suisse. Princes, artistes, savants et écrivains s'y rendent comme en pèlerinage. Car le philosophe a désormais une stature

internationale. Et, pendant les deux dernières années de sa vie, Voltaire reçoit énormément de visites.

Deux vaniteux grimauds, auteurs de pièces de théâtre qui ne passeront jamais à la postérité, Antoine Lemierre et Dormont de Belloy, se sentent obligés d'accomplir le pèlerinage de Ferney. Charitable, Voltaire les reçoit.

Certes fatigué, l'intrépide philosophe a passé le cap des quatre-vingts ans (un record pour l'époque), mais il cultive toujours l'ironie décapante avec une exceptionnelle vivacité d'esprit. « Messieurs, tandis que je vais bientôt prendre congé de la vie, je suis rassuré de savoir que je laisse derrière moi Lemierre et de Belloy. »

Aucun des deux cacographes ne comprit la saillie. Voltaire revint à Paris en mars 1778 et mourut le 7 avril de la même année. Après sa mort, Antoine Lemierre trouva bon de commenter son entrevue avec le philosophe. Et il rapporta les propos de Voltaire. Mais en ajoutant : « Pauvre de Belloy, il ne se rendait même pas compte que Voltaire se moquait de lui ! »

Algarade

Issu d'une riche famille de la bourgeoisie parisienne, le jeune et sémillant Voltaire ne manque jamais une occasion d'exciter les aristocrates. Guy-Auguste de Rohan-Chabot, chevalier de Rohan,

figure en bonne place parmi ces multiples rodomonts du temps. En avril 1726, une violente altercation oppose les deux hommes. Pour certains, la chamaillerie prend racine dans la loge d'Adrienne Lecouvreur, comédienne très en vue de la toute jeune Comédie-Française créée quelques décennies auparavant (1680). Jaloux de l'amitié que porte Voltaire à la belle Adrienne, le chevalier s'en prend publiquement au pamphlétaire. Les insultes fusent un soir de représentation. Pour d'autres, le grabuge se serait produit au cours d'un dîner.
Peu importe. Car l'incident débouche sur une bastonnade en règle. En effet, en sortant d'une soirée, le philosophe est attendu par un groupe de forbans à la solde du rancunier chevalier. Et tandis que la troupe de coupe-jarrets s'acharne sur Voltaire, Guy-Auguste de Rohan-Chabot les regarde. Tapi dans sa carriole, il s'écrie : « Ne frappez pas à la tête, il peut encore en sortir quelque chose de bon. »

Lucifer

Vers la fin de sa vie, un prêtre demande à Voltaire de renoncer à Satan. Bien évidemment, le philosophe refuse : « Ce n'est vraiment pas le moment que je me fasse un nouvel ennemi ! »

Éloge

Voltaire se rend un jour aux funérailles d'un aristocrate. « C'était un admirable patriote, un parfait humaniste et un ami loyal », commente Voltaire avec solennité. Et d'ajouter, un rictus narquois au coin des lèvres : « À condition, bien sûr, qu'il soit réellement mort ! ».

Jumeaux

Entre 1750 et 1753, Voltaire séjourne à la cour de Frédéric II de Prusse, à Berlin, en qualité de chambellan. Et avec à la clé de rondelets émoluments. Après une longue absence, une jeune femme de ladite cour refait surface. Accueillie par un cortège de rumeurs scandaleuses liées à ses multiples expériences sentimentales, la gourgandine feint l'étonnement et s'en ouvre à Voltaire. Dialogue entre deux experts en relations libertines :
« Toutes les choses que l'on raconte sur moi sont proprement incroyables. On dit même que je me suis absentée pour accoucher de jumeaux.
– Ne vous inquiétez pas. Je ne crois que la moitié de ce que j'entends à la cour. »

Persuasif

À la suite de l'altercation avec le chevalier de Rohan, et bien qu'ayant été roué de coups, Voltaire se retrouve enfermé à la Bastille. Là encore, les rapports de police de l'année 1726 attestent de l'authenticité de la peine. De surcroît, un représentant du roi adresse une lettre au gouverneur de la célèbre prison pour lui demander quelques « ména-

gements » envers le sieur Voltaire qui mérite « toutes les douceurs et la liberté de la Bastille qui ne seront point contraires à la sécurité de sa détention ». Certains disent que Voltaire fut enfermé une quinzaine de jours, d'autres avancent une période de six mois. Quoi qu'il en soit, il semble bien que le philosophe ait alors négocié son exil vers l'Angleterre en échange de sa libération. Il restera trois ans outre-Manche.
Lorsque Voltaire arrive en Angleterre, l'amitié franco-britannique ne bat pas son plein. Un jour de 1726, à Londres, une foule hostile encercle le philosophe. « Pendez-le ! » crie soudain la foule. « Pendez le Français ! » renchérissent d'autres meneurs. Impassible, l'écrivain fait face : « Vous souhaitez me tuer parce que je suis français ? Ne suis-je pas assez puni de ne pas être né anglais ? » Applaudi à tout rompre, le pamphlétaire fut escorté jusqu'à son logement par une foule conquise, celle qui voulait sa peau un instant auparavant.

Triomphe

Après vingt longues années passées à Ferney, Voltaire retrouve Paris en 1778. Il vient assister à la représentation de sa dernière œuvre. La tragédie *Irène* se joue en effet le 30 mars devant un auditoire enthousiaste. Âgé de quatre-vingt-quatre ans, l'auteur reçoit alors une ovation exceptionnelle. Le Tout-Paris des arts et de la politique se presse pour saluer le

sémillant octogénaire. Arrive le poète Saint-Ange. Laborieux traducteur des *Métamorphoses* d'Ovide, il s'essaie au trait d'esprit :
« Monsieur, je suis venu saluer Homère. Demain je saluerai Euripide et après-demain Tacite. Les jours suivants...
– Arrêtez, je suis bien vieux. De grâce, faites donc toutes ces visites en une seule fois ! »

“

Voltaire a aussi dit :
Je perds mes dents. Je meurs en détail.

Dans ce pays, il est bon que l'on tue un amiral de temps en temps. Pour encourager les autres.

Le travail n'est pas fait pour l'homme. La preuve, ça le fatigue.

L'art de la médecine consiste à distraire le malade pendant que la nature le guérit.

Les femmes et les girouettes se fixent quand elles se rouillent.

W

Richard Wagner
(1813-1883)
Compositeur allemand

Insulte
Le 8 décembre 1881, trois cent quatre-vingt-quatre personnes périssent dans l'incendie du Ring Theatre de Vienne. La tragédie se déroule au cours de la deuxième représentation des *Contes d'Hoffmann*. L'opéra en trois actes de Jacques Offenbach (1819-1880) a été créé le 10 février 1881 à l'Opéra-Comique de Paris.
Lorsque Richard Wagner apprend la nouvelle, il fait ce commentaire douteux : « Quand des ouvriers succombent au fond d'une mine à charbon, je suis profondément ému et horrifié. Mais lorsque des spectateurs meurent en écoutant un opéra d'Hoffmann, cela me laisse parfaitement froid dans la mesure où ses œuvres ne contiennent pas le moindre soupçon de valeur morale. »

Toujours aussi enthousiaste, Wagner commentait ainsi la production de son confrère : « Les opéras d'Offenbach libèrent une incontestable chaleur. Mais elle ressemble à celle que dégage un tas de fumier. Et l'Europe entière se vautre dedans. »

Ami

Richard Wagner admirait assurément Franz Liszt (1811-1886). Quant à Cosima, fille de Liszt et de la comtesse et écrivain Marie d'Agoult (1805-1876), elle épousera enfin Wagner en 1869, à la suite d'une demi-douzaine d'années pendant lesquelles cette liaison fit scandale. Face à l'hostilité agressive de ses détracteurs, Wagner doit même quitter Munich (1865) pour s'établir en Suisse, sur les rives du lac des Quatre-Cantons, à Tribschen. Cosima l'y rejoindra. De ce lieu où il connaîtra l'une de ses plus heureuses et fécondes périodes, l'auteur de *Tristan et Isolde* écrit à son beau-père : « Vous êtes vraiment un ami. Et s'il y a quelque chose qui élève l'âme, c'est d'avoir un ami. Mais il existe quelque chose qui l'élève encore davantage, c'est d'*être* un ami. »

Admiration

Le philosophe Friedrich Nietzsche (1844-1900) vénéra un temps Richard Wagner. Il précisa d'ailleurs que son célèbre ouvrage *La Naissance de la tragédie* (1872) avait été influencé par le regard du musicien sur la dramaturgie grecque. Mais la relation entre Nietzsche

et Wagner va s'assombrir au fil du temps et les deux hommes se séparent en 1878. Désormais, l'auteur d'*Ainsi parlait Zarathoustra* n'aura plus de mots assez violents pour qualifier son ancien ami.
Ainsi, Nietzsche dira de Wagner : « Est-ce vraiment un être humain ? Ne serait-il pas plutôt une maladie ? Il contamine tout ce qu'il touche et il a réussi à infecter la musique. »

Orson Welles

(1915-1985)

Acteur, scénariste et réalisateur américain

Lucide

Enfant prodige aux talents multiples, Orson Welles perd ses parents à l'âge de treize ans et voyage avec son tuteur en Europe. De retour aux États-Unis, il publie des nouvelles, devient acteur et metteur en scène de théâtre, crée le Mercury Theatre (1937) et tourne deux courts métrages : *The Hearts of Age* (1934) et *Too Much Johnson* (1938).
Infatigable et prodigieusement créatif, il écrit et joue des centaines de pièces pour la radio entre 1936 et 1942. Le 30 octobre 1938, la diffusion de l'une d'elles (*La Guerre des mondes*) sur CBS crée un réel mouvement de panique nationale aux États-

Unis. Cette émission annonce (avec un faux présentateur de CBS) l'arrivée belliqueuse de Martiens sur la Terre. Sur les six millions de personnes qui écoutent alors la radio, un million tentent de fuir par tous les moyens. Le chaos touche la ville de New York et les troupes en permission massées dans le port sont rappelées pour défendre la nation. Pris pour un engin extraterrestre, un réservoir d'eau sera même criblé de balles. Ce calembour vaut à Welles d'être immédiatement engagé par Hollywood.
Bénéficiaire d'un contrat exceptionnel qui lui garantit une totale liberté et de larges moyens financiers, Orson Welles réalise en 1941 son premier long métrage, *Citizen Kane*. Ce chef-d'œuvre révolutionne l'écriture cinématographique : mouvements de caméra, structure du récit, cadrages audacieux, décors, montage. Orson Welles a frappé fort. Peut-être trop fort. Car, malgré son succès d'acteur dans *Le Troisième Homme* (1949) et sa palme d'or au festival de Cannes avec *Othello* (1952), Orson Welles connaîtra une carrière chaotique, ponctuée de vagabondages, de films réalisés à la hâte et de conflits légendaires avec ses producteurs. Lucide sur son propre travail, Orson Welles reconnaissait : « J'ai démarré au plus haut niveau. Ensuite, je me suis écroulé. »

Hasard

Alors qu'il se trouve de nouveau dans une situation financière très inconfortable pour monter une pièce de théâtre à Boston, Orson Welles appelle Harry Cohn, de la Columbia. Objectif : essayer d'obtenir du producteur un prêt de cinquante mille dollars. Au fil de la conversation téléphonique, Orson comprend que son interlocuteur n'a pas l'intention de mettre la main au portefeuille. Pour emporter la décision, en échange du service rendu, Welles propose à Harry l'exclusivité de son prochain film d'espionnage « à l'intrigue palpitante ». Alléché, le patron de la Columbia lui demande le titre de ce projet. Le réalisateur de *Citizen Kane* reste un moment sans voix, il balbutie, se lance dans quelques généralités et jette un regard croisé sur la couverture d'un livre que lit près de lui une costumière du théâtre. Et il lance soudain : « *If I die before I wake* (Si je meurs avant de me réveiller). » Orson obtient son prêt et le film en question deviendra *La Dame de Shanghai.*

Film mythique en noir et blanc réalisé en 1948, *La Dame de Shanghai*, de et avec Orson Welles, n'est en fait qu'un thriller digne de la série B. Adaptation d'un roman mineur de Sherwood King, le « fameux » *If I die before I wake.* Mais dans ce film, Orson dirige son épouse du moment, la sublime Rita Hayworth. De surcroît, Welles lui demande de sacrifier son abondante chevelure rousse pour une coiffure courte et blonde. Et la rencontre orageuse de ces deux monstres sacrés du cinéma contribue à donner au film charme, mystère et publicité naturelle.

La virtuosité d'Orson Welles culmine dans la scène de mise en abyme finale du palais des glaces (inscrite au panthéon de l'histoire du cinéma). Quoi qu'il en soit, *La Dame de Shanghai* connaîtra un échec commercial et sera le dernier film de Welles à Hollywood.

“

Orson Welles a aussi dit :

Les créanciers sont les seuls qui se rapprochent de vous dans le malheur.

La France est le pays où il y a trois cent dix-sept fromages... sans compter l'Unesco.

Quand Moïse annonça qu'il allait faire traverser la mer Rouge à pied sec au peuple hébreu, son attaché de presse lui dit : « Si tu réussis ce coup-là, je te garantis deux pleines pages dans l'Ancien Testament. »

La carrière d'une star commence quand elle ne peut pas entrer dans son soutien-gorge et finit quand elle ne peut plus entrer dans sa jupe.

Le meilleur service qu'il faudrait rendre à l'art : détruire les biographies. Seul l'art explique la vie d'un homme, non le contraire.

Oscar Wilde

(1854-1900)

Écrivain irlandais

Dernier soupir

Après de brillantes études classiques au Trinity College de Dublin, puis à Oxford, Oscar Wilde devient le favori de la haute société londonienne qu'il émerveille par son esprit subtil. Dandy d'une rare élégance et d'une étonnante beauté, Oscar porte cheveux longs et hauts-de-chausses avec éclat, charme et naturel.

Oscar publie des contes, *Le Prince heureux* (1888), des nouvelles, *Le Crime de lord Arthur Savile* (1891) et des essais, *Intentions* (1891). Ainsi que son unique roman, *Le Portrait de Dorian Gray* (1891), dans lequel il s'érige en maître du fantastique et défend, dans la préface, une littérature en marge des conventions sociales et morales. Une œuvre qui soulève déjà de multiples polémiques.

Puis survient un éclatant scandale. Outré que son propre fils, Alfred Douglas, soit l'amant d'Oscar Wilde depuis 1892, le marquis de Queensberry dénonce publiquement l'homosexualité de l'écrivain. S'ensuit un procès retentissant (1895), qui vaut à Oscar Wilde deux ans de travaux forcés... pour « sodomie ». La puritaine Angleterre de l'époque ne plaisante pas avec la morale.

Au cours du procès, l'attitude de défi suicidaire

adoptée par un poète au faîte de la gloire n'est sans doute pas étrangère à la sévérité du verdict. Mais Oscar Wilde paie également la peinture du cynisme de l'aristocratie britannique qu'il raille dans ses pièces : *L'Éventail de lady Windermere* (1892), *Une femme sans importance* (1893), *Un mari idéal* (1895), *De l'importance d'être constant* (1895).
Oscar ne se remettra jamais de ce séjour en prison qui lui inspire la superbe *Ballade de la geôle de Reading* (1898). D'autant que la vindicte populaire se déchaîne contre lui et ruine définitivement sa réputation. Le poète décide alors de quitter l'Angleterre et s'installe à Paris sous un nom d'emprunt : Sébastien Melmoth. Il mène alors une vie misérable et solitaire avant de mourir d'une méningite dans une sordide chambre d'hôtel. Avant de mourir, il se fait offrir un dernier verre de champagne et dit : « Je meurs comme j'ai vécu, au-dessus de mes moyens. »

Perfectionniste
Un ami qui voit arriver Oscar Wilde avec une mine de papier mâché à un dîner s'inquiète pour sa santé. Le poète réplique dans un soupir : « Oh oui ! Je suis exténué. Ce matin, j'ai retiré une virgule de l'un de mes poèmes. Et, ce soir, je l'ai remise. »

Douanes
Théoricien de l'esthétisme et de l'art pour l'art, Oscar Wilde éblouit l'Angleterre dès le début des

années 1880. Il donne alors une série de conférences aux États-Unis, puis s'installe à Paris (1882-1884) avant de s'établir de nouveau à Londres. En bon dandy qui se respecte, Oscar aime évidemment les facéties. Et lors de sa tournée outre-Atlantique, à un douanier ombrageux qui lui demande s'il a quelque chose à déclarer, le fier jeune homme répond sur un ton provocateur : « Non, je n'ai rien à déclarer... hormis mon génie. »

Dieppe

En 1884, Oscar Wilde épouse une jeune Irlandaise fortunée. Le couple aura deux enfants. Mais l'homosexualité détourne le poète de ce mariage de convenance dès 1886. Après ses deux années de prison, Oscar s'installe donc à Paris sous le nom de Sébastien Melmoth. Dès lors, et malgré le soutien de rares amis tel André Gide, Oscar vit ses trois dernières années dans une solitude tragique. Voire dans une quasi-déchéance. Un jour qu'il se promène cependant à Dieppe en compagnie du poète Ernest Dowson, celui-ci suggère à Oscar de se rendre dans une maison de passe pour prendre un moment de plaisir. Les deux hommes vident alors leurs poches sur la table de l'auberge. D'emblée, un constat s'impose : il leur faut rassembler leurs maigres économies pour payer une seule prostituée. Autour d'eux, un groupe de clients suit le laborieux décompte des deux poètes dans une facétieuse ambiance où

se mêlent rires, encouragements et plaisanteries salaces.
Finalement les deux hommes parviennent à réunir la somme nécessaire. Oscar se lève pour se diriger vers la maison de passe et il chuchote alors à l'intention de Dowson : « Ce sera la première fois depuis dix ans. Et la dernière... » Puis il se tourne vers le groupe et lance alors clairement à la cantonade : « Allez donc raconter cette histoire en Angleterre, cela contribuera peut-être à ma réhabilitation. »

Lucidité

Le dramaturge britannique lord Alfred Tennyson (1809-1892) fut considéré outre-Manche comme le plus grand poète de son temps. Il composa notamment de brillantes pièces historiques et fut désigné *Poet Laureate* du royaume. Ce « poète Lauréat » ressemble à une sorte de poète officiel chargé de célébrer en vers les grands événements qui surviennent dans la vie de la famille royale et dans celle de la nation.
Bien que purement honorifique, la fonction de *Poet Laureate* (créée en 1615) équivaut à une incontestable consécration littéraire. À la mort d'Alfred Tennyson, beaucoup d'auteurs espèrent décrocher la timbale. Et nombre des récipiendaires jouent de leur influence et déploient de subtiles stratégies conquérantes. Sir Lewis When figure parmi ceux qui convoitent l'honneur de composer des œuvres

de circonstance (tâche joliment rétribuée sur la cassette royale). Ce bien modeste poète croit en son étoile, mais s'étonne que son nom ne circule pas dans les salons ni dans les allées du pouvoir. Il s'en ouvre alors à Oscar Wilde :
« Il existe contre moi une véritable conspiration du silence. Cher ami, que me faut-il faire ?
– Rejoignez-la, mon vieux ! »

“

Oscar Wilde a aussi dit :
Quand les gens sont de mon avis, j'ai toujours le sentiment de m'être trompé.

Pardonnez toujours à vos ennemis, rien ne les embête davantage.

La différence entre journalisme et littérature, c'est que le journalisme est illisible tandis que la littérature n'est pas lue.

L'Amérique est le seul pays qui soit passé de la barbarie à la décadence sans passer par la civilisation.

INDEX

Achevé d'imprimer
à Noyelles sous Lens
pour le compte de France Loisirs,
123, bd de Grenelle
75015 PARIS

Imprimé en France
Dépôt légal : juin 2010
N° d'édition : 61867